ANNICA HANSEN

#PONYLIEBE

MEIN LEBEN MIT DEN PFERDEN

"THE BIGGEST ADVENTURE
YOU CAN EVER TAKE IS TO LIVE
THE LIFE OF YOUR DREAMS."

KOSMOS

CONTENT

PFERDE-TRAINING

ANNICAS DIARY

SOCIAL MEDIA

HERZENS-THEMEN

FÜR EUCH

HALLO
★ IHR
LIEBEN!

Ist es nicht seltsam, dass einem die ersten Zeilen am schwersten fallen, wenn man vor einer leeren weißen Seite sitzt? Jetzt schreibe ich also ein Buch für euch. Ein Buch über das, was mir im Leben am allermeisten am Herzen liegt. Ein Buch über meine Pferde. Über meine Pferde und über mich und über unser Ponyhofleben.

Wie soll ich bloß etwas in Worte fassen, das mich jeden Tag sprachlos macht, war mein erster Gedanke. Aber dann habe ich an euch gedacht. An all diejenigen von euch, die ich schon mal persönlich kennenlernen durfte. Und plötzlich fällt es mir gar nicht mehr so schwer, meine Gedanken aufzuschreiben.

„Aber was für ein Buch wird das denn", werde ich zurzeit ganz oft gefragt. Und meine Antwort ist immer die gleiche: Mein Buch wird wie ganz viele You-Tube-Videos, nur zum Lesen. Zum Mitmachen, zum Miterleben und zum Mitfühlen. Wie in meinen Videos möchte ich euch ein Stückweit in unsere Welt mitnehmen. In die Welt von Wölbchen, Cantolino und mir.

Ich freue mich, wenn ihr unsere Reise begleitet. Und ich hoffe, das euch das Lesen dieses Buchs so viel Freude macht wie mir das Schreiben.

Denn egal, ob Western, Dressur, Springen, Freizeitreiten … uns alle verbindet eines …

#PONYLIEBE

MEIN LEBEN
MIT

PFERDEN

WENN IHR MICH FRAGEN WÜRDET, WAS IN MEINEM LEBEN AUF KEINEN FALL FEHLEN DÜRFTE, WÄRE MEINE ANTWORT KLAR: PFERDE!

Ein Leben ohne Pferde ist für mich nicht vorstellbar. Oft werde ich gefragt, warum ich so viel Zeit in diese Tiere investiere. Inzwischen fällt mir die Antwort leichter. Ich kann sagen, dass ich mit meinen Pferden meinen Lebensunterhalt verdiene. Ich zeige im Internet, was ich mit Wölbchen und Canto erlebe.
Meine Pferde sind mein Job geworden. Damit geben sich die meisten Leute zufrieden. Ich muss mir keine weiteren Erklärungen mehr überlegen, die eh niemand versteht, der nicht ebenfalls mit dem Pferdevirus infiziert ist.

GLÜCKLICH MIT PFERDEN
Die Wahrheit ist, dass Pferde schon in meiner Kindheit mein größter Lebensinhalt waren. Ohne Wölbchen und Canto hätte ich heute sicherlich mehr Zeit, mich mit Freunden zu treffen. Ich würde meine Wochenenden in Cafés verbringen und im Sommer in schicken Kleidchen Eis essen gehen. Ich hätte mehr Zeit, in den Urlaub zu fahren, mein Auto zu waschen und shoppen zu gehen. Es gab Lebensphasen, in denen ich all das gemacht habe und kaum oder gar nicht im Stall war. Aber mir hat

in dieser Zeit immer etwas
gefehlt.

MEINE NASE IM FELL

Wirklich glücklich bin ich bei
den Pferden im Stall. Wenn
ich meine Nase in das warme
Fell meiner Ponys drücken
kann, fühle ich mich zu Hause.
Meine Wochenenden verbringe
ich gerne auf der Wiese und
schaue Wölbchen beim Grasen
zu. Oder ich fahre mit Canto auf
Turniere und quatsche stundenlang mit den Stallmädels.

HAPPY PLACE

Für viele Leute mag das unver-
ständlich sein, aber die Ponys
sind mein Happy Place! Es ist
der Ort, an dem ich die Zeit
vergesse und die Stunden einfach so verfliegen. Und wenn
ich nach dem Stall mit einem
großen Grinsen, verwuschelten
Haaren und dreckigen Kla-
motten nach Hause fahre, dann
merke ich jeden Tag aufs Neue,
das ich in meinem Leben nur mit
Pferden wirklich glücklich bin.

"AT THE END OF THE DAY
YOUR CLOTHES SHOULD
BE DIRTY, YOUR HAIR MESSY
AND YOUR EYES SPARKLING!"

MEIN ERSTER REITURLAUB

WENN MAN PFERDE LIEBT UND GERNE REITET, IST EIN REITURLAUB DIE BESTE MÖGLICHKEIT, DEN SOMMER ZU VERBRINGEN.

LEBEN AUF DEM PONYHOF

Manchmal finde ich es schade, dass ich inzwischen zu alt geworden bin, um Reiterurlaub wie früher zu machen. In Stockbetten schlafen, den ganzen Tag im Stall verbringen, andere Pferdemädchen kennenlernen, am Lagerfeuer sitzen und gemeinsam tolle Sachen erleben ... Hach, das war eine tolle Zeit! Meinen allerersten Reiturlaub habe ich auf dem Seehof Reuter verbracht. Und um ehrlich zu sein, auch alle darauffolgenden. Jeden Sommer und jeden Herbst verbrachte ich ein oder zwei Wochen auf dem Seehof, der der Traum eines jeden Pferdemädchens und ein absolutes Ponyparadies ist.

SCHATZ IM SILBERSEE

Die Pferde stehen den ganzen Tag auf großen Weiden und werden nur zum Reiten reingeholt. Mal mit, mal ohne Sattel gibt es Reitstunden und vor allem stundenlange Ausritte in das wunderschöne Gelände.

NANCY

Springstunden, Reiterspiele und kleine Pony-Wettbewerbe gehören auch zum täglichen Programm.

Wenn man gut genug reitet, ist das absolute Highlight jeder Woche der nächtliche Ausritt zum Silbersee, an dem man die Sonne aufgehen sehen kann. In den Sommermonaten geht es außerdem fast jeden Tag mit den Pferden ins Wasser. Im See, der zum Hof gehört, bin ich das allererste Mal mit Pferden geschwommen. Ich habe so viele wundervolle Erinnerungen an die Zeit auf dem Seehof Reuter, dass ich überlege, vielleicht noch mal hinzufahren, um meine Kamera mitzunehmen und alte Erinnerungen wach werden zu lassen.

„MEINE LIEB-LINGSPFERDE AUF DEM SEEHOF WAREN FLAMME UND NANCY"

MEIN
ERSTES
PFLEGEPFERD

NACHDEM ICH EIN PAAR JAHRE IN DER REITSCHULE UNTERRICHT GEHABT HATTE, WURDE DER WUNSCH, SICH MEHR UM EIN PFERD KÜMMERN ZU KÖNNEN, IMMER GRÖSSER. EINMAL ODER ZWEIMAL IN DER WOCHE REITEN REICHTE MIR NICHT.

ENDLICH EIN PFLEGEPONY

Ich wollte ein Pferd haben, das ich besser kennenlernen konnte. Und von Anfang an wollte ich alles über Pferde wissen und lernen. Nur draufsitzen genügte mir nicht. Nicht weit von zu Hause, gab es einen kleinen Privatstall, in dem einige Friesen standen. Außerdem gab es ein großes braunes Warmblut, eine Ziege namens Blume und ein zuckersüßes Shetlandpony, das auf den Namen Tess hörte. Eine Freundin, die Magnus, das Warmblut ritt, nahm mich einfach mit in den Stall. Ich durfte Magnus mitreiten, und da Tess keine richtige Aufgabe hatte, freute sich die Besitzerin über meine Hilfe bei dem Pony. Und schon hatte ich mein erstes richtiges Pflegepony.

SOMMER IM STALL

Ich erinnere mich gerne an die langen Sommertage in den

BLUME

ANNICAS TIPP

Ferien, in denen ich nichts anderes tat, als im Stall zu sein. Wir halfen beim Misten und pflegten die Pferde. Ich übte Tricks mit Tessi, wie ich den kleinen Wallach liebevoll nannte, und ganz nebenbei lernte ich viel über die Haltung von Pferden. Tessi konnte steigen, sich hinlegen und lachen. Und da ich zwar recht groß, aber nicht zu schwer war, galoppierten wir manchmal auch zusammen über die angrenzenden Stoppelfelder.

WENN IHR EIN EIGENES PFLEGEPONY HABEN MÖCHTET, SOLLTET IHR VERANTWORTUNGS-BEWUSST SEIN. DIE BESITZER VERTRAUEN EUCH IHR TIER NUR AN, WENN SIE SICH AUF EUCH VERLASSEN KÖNNEN. KÜMMERT EUCH GUT UM DAS PFERD UND HALTET EUCH AN DIE ABSPRACHEN. OFT ERGIBT SICH AUS SO EINER PFLEGEBETEILIGUNG IRGENDWANN AUCH MEHR.

MEIN ERSTES
EIGENES
PFERD

EIGENTLICH WAR ICH AUF DER SUCHE NACH EINER REITBE-TEILIGUNG. DOCH PLÖTZLICH HATTE ICH MEIN ERSTES EIGENES PFERD.

EIN TRAUM

Wie wohl jedes Pferdemäd-chen habe ich, seitdem ich angefangen habe zu reiten, von einem eigenen Pony geträumt. Doch wie bei wahrscheinlich vielen Mädchen war der Weg zum ersten eigenen Pferd steinig. Jahrelang bin ich in die Reitschule gefahren, habe mich um Pflegepferde gekümmert und irgendwann die ersten Reit-beteiligungen gehabt. Da ich immer schon mit viel Herzblut dabei war, hatte ich das Glück, dass mir einige Pferde wie meine eigenen anvertraut wurden und ich sie komplett für mich alleine hatte.

TRENNUNGEN

Aber wie es so ist mit den „fast" eigenen Pferden, musste ich mich früher oder später von jedem wieder trennen. Die Besitzer verkauften das Pferd, übergaben es an eine andere Reitschule und eines wurde so-gar eingeschläfert. Wahrschein-lich könnt ihr euch vorstellen, wie sehr ich darum gekämpft habe, damit ich Demokrat, so hieß der große Schimmel-wallach, kaufen könnte. Aber ich war noch ziemlich jung und meine Eltern konnten mir kein Pferd finanzieren. Also musste ich mich auch von Demokrat verabschieden.
Nach meiner Schulzeit war das Thema eigenes Pferd erst mal

vom Tisch, denn durch meinen Job als Model war ich sehr viel unterwegs. Ich war glücklich, wenn ich ab und an Zeit im Stall verbringen konnte, um das Pferd einer Freundin zu reiten. Doch der Wunsch, wieder öfter in den Sattel zu steigen, meldete sich immer häufiger.

AUF DER SUCHE

Also machte ich mich auf die Suche nach einer festen Reitbeteiligung. Ich stieß auf eine Anzeige, die mir gefiel, meldete mich und vereinbarte einen Termin zum Probereiten. Wenn ich damals schon gewusst hätte, wie dieser Anruf mein komplettes Leben verändern würde! Das konnte ich natürlich nicht ahnen, aber ich erinnere mich trotzdem genau an die Situation und wie glücklich ich war, schon zwei Tage später ein neues Pferd ausprobieren zu können.

Meine Freude wurde allerdings etwas getrübt. Beim Probereiten stellte ich fest, dass es zwischen Pony, so wurde die Fuchsstute genannt, und mir nicht wirklich harmonierte. Sie war wunderschön, aber der Funke sprang nicht über. Die Besitzerin besaß auch noch eine etwas größere Fuchsstute. Für diese suchte sie zwar eigentlich keine Unterstützung, aber Sabine und ich waren uns sympathisch und so bot sie mir an, auch ihre andere Stute auszuprobieren.

WÖLBCHEN
KOMMT
ZU MIR

UND DA STAND SIE.
GESPITZTE OHREN,
EINE HÜBSCHE ZEICHNUNG
IM GESICHT UND WACHE
DUNKLE AUGEN,
DIE MICH MIT NEUGIERIGEM
BLICK MUSTERTEN.
WÖLBCHEN!

EIN GANZ BESONDERES PFERD

Oder Wölbi, wie sie damals noch genannt wurde. Zwischen uns machte es sofort klick. Wir verstanden uns blind. Für Sabine war Wölbi ein ganz besonderes Pferd und trotzdem war sie sofort einverstanden, dass ich sie mitritt. Vielleicht hat sie schon damals unsere Verbindung erkannt. Anfangs ritt ich auch Pony, aber als Sabines Schwangerschaft voranschritt, vertraute sie mir Wölbchen immer öfter an, bis ich sie quasi alleine ritt und betreute.

MÖCHTEST DU SIE HABEN?

Und dann kam Tag X. Sabine lag schon im Krankenhaus und das Baby war auf dem Weg.

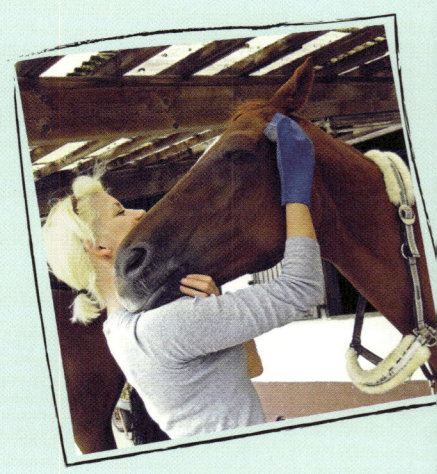

Sie rief an und bat mich, vorbeizukommen. Da wir ein wirklich gutes Verhältnis hatten, zögerte ich natürlich nicht, sondern düste sofort nach Bergisch Gladbach. Inklusive kleinem Umweg nach Mönchengladbach, da ich dachte, sie würde hier im Krankenhaus liegen. In der Klinik angekommen, unterhielten wir uns kurz. Sie erklärte mir, dass zwei Pferde und ein Baby eigentlich zu viel für sie seien und sie nicht wolle, dass ein Pferd zu kurz komme. Und dann kam sie auch schon auf den Punkt: „Mir fällt diese Entscheidung nicht leicht, aber ich weiß, dass Wölbi bei dir in guten Händen ist. Möchtest du sie übernehmen?"

VERLASST EUCH AUF EUER HERZ- UND BAUCHGEFÜHL, WENN IHR EUER PFERD SUCHT!

EINE ENTSCHEIDUNG FÜRS LEBEN

ICH GLAUBE, MIR IST IN DIESEM MOMENT ALLES AUS DEM GESICHT GEFALLEN. JA! NEIN! JA! VIELLEICHT? NEIN? JA?!? IN MEINEM KOPF GING ALLES DRUNTER UND DRÜBER.

MEIN HERZ SAGT JA!

Aber im gleichen Moment war meine Entscheidung gefallen. Ohne ernsthaft darüber nachzudenken, was das eigentlich bedeutete. Ich hatte Wölbchen durch die letzten Monate sehr gut kennengelernt. Sie war mir sehr ans Herz gewachsen und fühlte sich fast schon wie mein Pferd an. Wie in Zeitlupe dachte ich kurz an all die Pferde, die ich im Laufe meines Lebens schon hatte gehen lassen müssen, weil ich sie nicht kaufen konnte. Und mir wurde klar, dass mir das mit Wölbchen nicht passieren durfte. Auch wenn Sabine sie niemals an irgendwen verkauft hätte.

VERTRAUEN

In diesem Moment war mir klar, dass ich Wölbchen in meinem Leben haben wollte. Dass diese Stute ein Teil von mir sein sollte. Ich wusste, ich konnte und würde das Finanzielle schon irgendwie wuppen, und somit stand meine Entscheidung fest. „Ja! Ja! Ja! Ich möchte Wölbchen kaufen!"

Und damit bejahte ich etwas, von dem ich damals nie gedacht hätte, welche Veränderungen es in meinem Leben auslösen würde. Sabine und ich besprachen die Details und mir wurde bewusst, wie groß Sabines Vertrauen in mich sein musste, denn es fiel ihr wirklich nicht leicht, ihre Stute abzugeben. Sie überschrieb mir Wölbchen gegen eine Schutzgebühr und einen Schutzvertrag, denn große finanzielle Sprünge konnte ich damals nicht machen.

EIN GUTES TEAM

Ihr könnt euch sicherlich vorstellen, wie dankbar ich

Sabine auch rückblickend immer noch bin, dass sie in Wölbchen und mir das Team gesehen hat, das wir bis heute sind. Vielleicht hat sie einfach erkannt, dass wir zwei zusammengehören. Und so unterschrieb ich am 19.3.2009 den Vertrag – und hatte plötzlich mein erstes eigenes Pferd.

WAS IST EIN SCHUTZVERTRAG?

Der Schutzvertrag ist ein Kaufvertrag, in dem vereinbart wird, dass das Pferd nicht weiterverkauft, eingeschläfert oder geschlachtet werden darf, ohne den Vorbesitzer zu informieren. Es gibt auch eine Besuchs- und Gesundheitsinformationsregelung. https://www.st-georg.de/download/files/Schutzvertrag.pdf

HEY LEUTE,

... ICH BIN ES ...

WOLBCHEN!

**SEIT WOCHEN SITZT ANNICA
AN DER SILBERNEN KLIMPERKISTE
MIT DEM APFEL DRAUF (DEN MAN
DOOFERWEISE NICHT ESSEN KANN) UND
HAUT IN DIE TASTEN.**

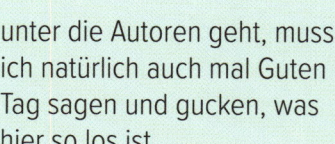

Sie schreibe ein Buch über unser Ponyleben, hat sie gesagt. Wir Ponys stehen nicht so auf Bücher, kann man schließlich nicht futtern, diese Papierseiten. Aber ihr Menschen scheint gerne zu lesen. Trotzdem sagt das Sprichwort ja, dass Pferde manchmal besser lesen und schreiben können als ihr. Aber ich schweife ab.

Eigentlich wollte ich euch nur auch mal Hallo sagen. Bisher habe ich das nur auf dem Instadings gemacht, aber wenn mein blondes Mädchen schon unter die Autoren geht, muss ich natürlich auch mal Guten Tag sagen und gucken, was hier so los ist.

Seitdem es euch alle, die #annicrew gibt, ist mein Pferdeleben viel lustiger geworden. Meine Pferdekumpels sind manchmal echt neidisch, was ich alles erleben darf. Wir fahren nicht nur zu normalen Pinguintreffen, sondern auch zu Vorführungen, Events, Fotoshootings. Canto und ich reisen in der schicken großen Schaukelkiste an immer neue Orte.

Das Wichtigste ist aber, dass Annica, seitdem sie dieses YouTube macht, sooooo viel mehr im Stall ist. Es ist so cool, dass ihre Arbeit beinhaltet, sich mehr um mich zu kümmern. Also, ich finde das prima. Und ihr scheint es auch gut zu tun, nicht mehr so viel für dieses Fernsehen zu arbeiten. Im Stall ist es ja auch schöner als in so einer schwarzen Flimmerkiste. Frag mich eh, wie man sie da reingequetscht hat.

Auf jeden Fall macht es mir Spaß, ein YouTube-Pferd zu sein und von sooooo vielen Menschen süß gefunden zu werden. Über 150.000 Fans gibt es auf YouTube und über 173.000 auf Instagram. Stellt euch mal vor,

ich würde von jedem nur eine Karotte bekommen.

Vielen Dank übrigens für die vielen Leckerchen, die ihr mir immer zu den Meet and Greets mitbringt. Das ist echt nett von euch und dafür bekommt ihr immer so viele Selfies, wie ihr es euch wünscht. Versprochen!

So genug erzählt ... ist ja Annicas Buch. Canto will bestimmt auch noch etwas loswerden. Ich geh mich jetzt was rollen und Heu mampfen.

BIS BALD ... EUER WÖLBCHEN

FACTS **ABOUT** WÖLBCHEN

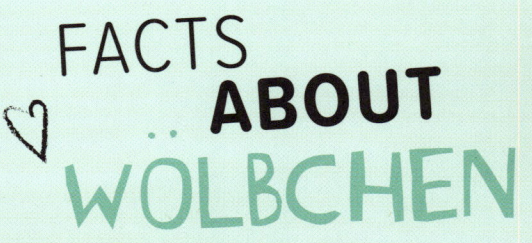

WÖLBCHEN IST MEIN ERSTES EIGENES PFERD. SEIT FAST 10 JAHREN GEHÖRT SIE ZU MIR. WIR HABEN SCHON VIEL MITEINANDER ERLEBT.

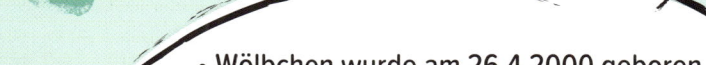

- Wölbchen wurde am 26.4.2000 geboren.
- Wölbchen ist eine Hannoveraner Stute.
- Ihr Lieblingskunststück ist „Nose": Sie flehmt und sieht aus, als würde sie lachen.
- Sie liebt Bananen.
- Wölbchens Lieblingsfutter ist Mash, am liebsten lauwarm und sehr flüssig.
- Auf Turnieren sind wir zusammen erfolgreich L-Dressur und L-Springen gegangen.
- Auf den Nüstern hat sie eine süße kleine Schnippe.
- Wölbchen ist sehr dominant gegenüber anderen Pferden.
- Wölbchens Schopf sieht aus wie von einem Mammut, was ihr in der Community den Spitznamen Wammut (Wölbchen + Mammut) eingebracht hat.

HELLO LEUTE,
... HIER IST
CANTOLINO

JETZT SCHREIBT MEIN BLONDES
MÄDCHEN AUCH NOCH EIN BUCH.
WAS SOLL ICH SAGEN ... ICH HÄTTE
NIE GEDACHT, DASS IHR ZWEI-
BEINER SOOOOO VIELE PROJEKTE
AUF EINMAL HABEN KÖNNT.

Ich bin mit drei oder vier Tages-
aufgaben (Essen, auf der Wiese
chillen, geputzt werden, über
Stangen hüpfen) schon vollkommen ausgelastet. Aber
dieses quirlige blonde Mädchen
hat einfach jeden Tag was
Neues am Start. Genauso bunt
wie ihre Arbeit ist auch mein
Leben geworden, seitdem ich
bei ihr bin.

Wie ihr wisst, komme ich ja aus
Litauen. Da war es auch ganz

okay, aber im Vergleich wirklich
schlimm langweilig.
Ich hätte nie gedacht, dass
ich mal so viel erleben würde.
Meine Kumpels von früher
haben immer gesagt, ich solle
nicht zu viel von meinem
Leben erwarten und aufhören
zu träumen. Wir wären nur
Pferde und müssten eben über
Stangen springen. Wenn wir
das nicht gut genug machten,
müssten wir oft umziehen.

Aber dann kam ich zu Annica
und hätte ich so ein Smartdings,
würde ich meine Jungs anrufen
und ihnen sagen, man sollte nie,
nie, niemals zu klein träumen.

Vielleicht kommt nämlich so ein YouTube-Mädchen um die Ecke und stellt das ganze Leben auf den Kopf.

Es macht Spaß, so viel zu erleben, aber am glücklichsten bin ich, wenn Annica und ich kuscheln. Wölbchen ist ihr Seelenpferd, aber ich weiß, dass ich mich auch schon in ihr Herz geschlichen habe. Letztens hat sie mir ins Ohr geflüstert, dass ich für immer bei ihr bleiben dürfe. Ihr könnt euch nicht vorstellen, wie da mein Ponyherz gehüpft ist.

Jetzt habe ich Annica, diese süße Wölbchen und euch. Und wenn ich ehrlich bin, haben meine Kumpels jetzt wirklich recht. Mehr kann man vom Leben echt nicht erwarten.

Fühlt euch feste angestupst. Ich geh jetzt mal Heu mümmeln und Wölbchen heimlich auf den Po gucken.

EUER CANTO

FACTS
ABOUT
CANTO

CANTO SOLLTE MEIN NEUER SPORTPARTNER WERDEN,
ABER ER IST SCHON JETZT SO VIEL MEHR.
SEIT FAST ZWEI JAHREN FREUE ICH MICH JEDEN
TAG DARAUF, IHN ZU SEHEN.

- Canto hat am 20.1.2006 Geburtstag.
- Canto ist ein Litauer Warmblut und kam erst 2015 nach Deutschland.
- Er ist ein Hengst und nicht kastriert.
- Er liebt Karotten und Äpfel.
- Canto schwimmt wahnsinnig gerne.
- Nach dem Reiten gähnt er fast immer ausgiebig.
- Canto trinkt gerne lauwarmes Wasser aus dem Eimer.
- Seine Mähne ist zu dick für Zöpfe mit Mähnengummis. Ich muss ihn immer einnähen.
- Canto hatte früher mal Satteldruck und dadurch weiße Fellstellen am Widerrist.
- Canto hat in Litauen gedeckt und einige Nachkommen.

WIE CANTO **ZU** MIRKAM

DIE GESCHICHTE, WIE CANTO ZU MIR KAM, KÖNNT IHR AUCH AUF YOUTUBE ANSCHAUEN. DAS IST ERST ZWEI JAHRE HER, ABER ES KOMMT MIR VOR, ALS WENN ER SCHON EWIG ZU MIR GEHÖREN WÜRDE.

EIN ZWEITES PFERD

Der Wunsch nach einem zweiten Pferd, mit dem ich wieder aktiv am Turniersport teilnehmen könnte, war schon länger da. Der erste Versuch in diese Richtung war Tenny, ein hübscher brauner Wallach, der mir von einer Familie zur Verfügung gestellt wurde. Leider harmonierten wir nicht wirklich gut miteinander, weshalb ich mich nach einigen Stürzen schweren Herzens dazu entschied, ihn wieder nach Hause zu bringen. Ich bin Tenny heute noch dankbar, denn durch ihn fasste ich den Mut, nun wirklich aktiv nach einem zweiten Pferd zu suchen.

AUF DEN ERSTEN BLICK

Man sagte mir, ich werde merken, wenn ich MEIN Pferd gefunden hätte, aber daran glaubte ich, nachdem ich die ersten Pferde ausprobiert hatte, nicht. Es waren tolle Pferde dabei, aber der Funke sprang nie wirklich über. Und nach Tenny war mir klar, dass ich keinen weiteren Kompromiss eingehen wollte. Das Gefühl zwischen meinem neuen Vierbeiner und mir musste stimmen. Nach und nach hatte ich das Gefühl, ein hoffnungsloser Fall zu sein.

UND DANN KAM CANTO

Vom ersten Moment an fühlte ich mich in seiner Nähe wohl. Als ich in den Sattel stieg, fühlte ich mich sofort zu Hause.

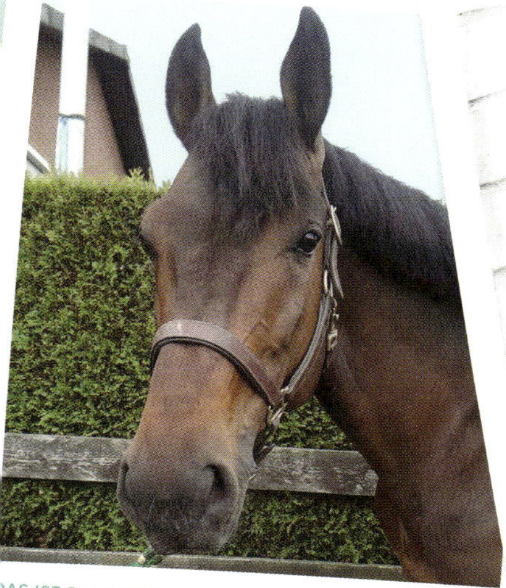

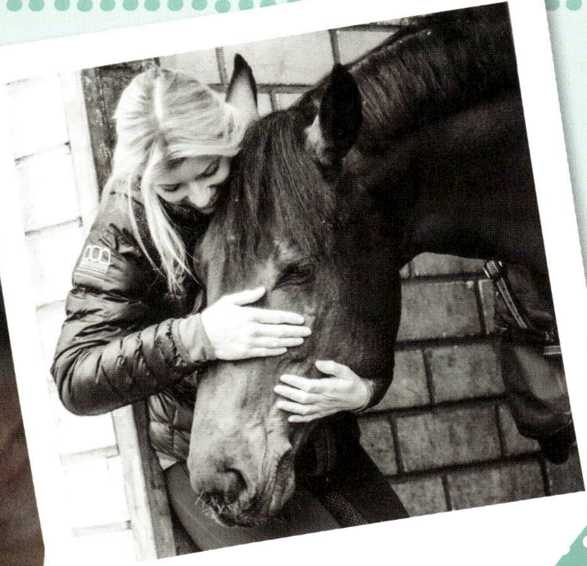

Er gab mir Sicherheit und Ruhe und ich hatte das Gefühl, ihn schon lange zu kennen. Spätestens als ich beim zweiten Ausprobieren mit ihm um die Felder ritt, wusste ich, der schöne braune Hengst sollte zu mir gehören. Ihr könnt euch nicht vorstellen, wie sehr ich bei der Ankaufsuntersuchung gezittert habe, bis mein Tierarzt sein Okay zum Kauf gab.

FÜR IMMER
Ich habe Canto an diesem Tag direkt mit nach Hause genommen und er wird für immer bei mir bleiben. Nicht einen Tag habe ich es bereut, so viele Pferde ausprobiert und mich für meinen Cantolino entschieden zu haben. Er ist mutig, sanft und intelligent. Alles, was ich mir von meinem zweiten Pferd gewünscht habe. Wir haben zueinander gefunden und uns wird nichts mehr trennen.

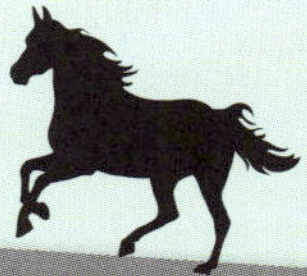

CANTOS TIPP
Schaut mal, welche Pferde sich Annica angeschaut und ausprobiert hat. Und warum sie sich schließlich für mich entschieden hat.
https://youtu.be/rUl9Ubsq4ao

EIN TAG
IM
STALL

DAS WOHL VON WÖLBCHEN UND CANTO STEHT FÜR MICH AN OBERSTER STELLE. ES GIBT FÜR MICH NICHTS SCHÖNERES, ALS MEINE PONYS IN EINEM GUTEN ZUSTAND ZU SEHEN. ENTSPANNT, ZUFRIEDEN UND GESUND.

MÜSLI

BEWEGUNG AM MORGEN

Wahrscheinlich wären die beiden auch ohne meine Fürsorge happy, aber ich denke, ihr kennt das Gefühl, sich besonders gut um die Pferde kümmern zu wollen. Ich versuche, alle Bedürfnisse von Canto und Wölbchen

nicht ohne ausgiebiges Putzen, Kuscheln und Spielen.

UNTERRICHT

Außerdem fotografiere ich für Instagram, drehe für YouTube und mache während meines normalen Stallablaufs auch noch meine Stories. Ich versuche, mindestens dreimal in der Woche Unterricht zu nehmen, damit wir nichts verlernen und weiterkommen. Abends geht es für die Ponys dann natürlich wieder zurück in den Stall. Hier gibt es Abendessen. Und dann ist so ein normaler Ponytag auch schon vorbei.

so gut es geht zu erfüllen. Zwar stehen sie in klassischer Boxenhaltung, aber mir ist es wichtig, dass sie so oft wie möglich vor die Tür kommen. Beide kommen jeden Tag für eine Stunde in die Führmaschine. Schrittgehen ist nicht nur gut für die Kondition, die geregelte Bewegung tut nach der Nacht auch den Beinen gut.

PADDOCKZEIT

Anschließend geht es auf die Wiese, wo sie den Vormittag verbringen. Mittags geht es dann zum Fressen zurück in die Box. Nachmittags steht dann Paddockzeit auf dem Programm. Meist gehen sie nacheinander nach dem Reiten auf den Paddock. Natürlich

WÖLBCHENS TIPP

Wir Pferde merken, wenn unsere Leute gestresst im Stall ankommen. Durchatmen, eine Kuscheleinheit einlegen und ein Leckerli geben hilft euch und uns!

FRUST BEIM REITEN

FAST JEDER KENNT DAS: PLÖTZLICH ÜBERWIEGEN NEGATIVE GEFÜHLE STATT FREUDE BEIM REITEN. DAS, WAS EIGENTLICH SPASS MACHEN SOLLTE, WIRD FRUST.

Auch wenn ich die meiste Zeit im Stall glücklich bin, gab es auch schon viele Momente, in denen ich nicht weiterwusste. Ich war frustriert, traurig, enttäuscht und dachte, es wäre wohl das Beste, mit dem Reiten aufzuhören!
STOPP!!!

Diese Gedanken sind so ein riesengroßer Quatsch und entstehen meist aus zu hohen Erwartungen an sich selbst. Was ich selber über Jahre lernen musste, möchte ich euch mit an die Hand geben: Seid geduldig und freundlich zu euch selbst!

#IAMNOTPERFECT

Unter vielen meiner Postings steht: #iamnotperfect. Diesen Hashtag nutze ich, um mich vor meinen eigenen überhöhten Erwartungen und den Erwartungen anderer Menschen zu schützen. Kein Mensch ist perfekt und Fehler gehören zum Lernen dazu. Vielleicht zieht ihr mal zu feste am Zügel, fallt dem Pferd in den Rücken oder bekommt eine neue Lektion einfach nicht hin.

WÖLBCHENS TIPP

Wenn ihr das nächste Mal Frust beim Reiten habt, nehmt euch ein paar Minuten Zeit, um über den Grund nachzudenken. Zu hohe Ziele? Überforderung? Schuldgefühle? Setzt euch ein paar Minuten zu eurem Vierbeiner in die Box, atmet durch, macht euch klar, wie wunderschön es ist, dass ihr euer Leben mit Pferden teilen dürft. Erinnert euch mit einem Lächeln an all die schönen Dinge, die ihr schon zusammen erreicht habt.

Bevor ihr euch selbst fertigmacht, denkt doch mal kurz darüber nach.

WÜNSCHE

Ich würde behaupten, dass keiner von uns seinem Pferd mit Absicht wehtut oder Unbehagen bereitet. Trotzdem passiert das manchmal. Auch euer Pferd möchte euch sicher nicht mit Absicht verletzen. Trotzdem steht es manchmal auf eurem großen Zeh oder wirft euch ab. Solche Dinge passieren einfach und ihr solltet euch selbst nicht zu böse dafür sein. Solange ihr Unterricht nehmt, euch weiterbildet und versucht, besser zu werden, dürft ihr Fehler machen. Es ist normal, dass Dinge nun mal nicht klappen.

ZIELE

Das gleiche gilt übrigens für Ziele, die wir uns unerreichbar hoch stecken. Auch dadurch entsteht Frust. Ihr wisst, wie ehrgeizig ich bin, aber ich versuche, meine Ziele erreichbar zu halten. Lieber tausend kleine Erfolgserlebnisse mit meinem Pferd, als auf das eine utopische Ziel hinzuarbeiten und irgendwann frustriert aufzugeben.

MIT MEINEN
PFERDEN
SPIELEN

MIT HUNDEN SPIELT MAN, MIT KATZEN SPIELT MAN UND MIT VIELEN ANDEREN TIEREN AUCH. WIESO SOLLTE MAN PFERDE ALSO NUR REITEN? GUTE FRAGE, ODER?

MEHR ALS BODENARBEIT

Und trotzdem habe ich sie mir lange Zeit nicht gestellt. Irgendwie war es normal, Pferde zu reiten, sie auf die Wiese zu stellen oder sie zu longieren. Aber spielen???

In den letzten Jahren ist die Bodenarbeit ein immer größerer Trend geworden und damit ist auch die Anzahl der Leute gewachsen, die mit ihren Pferden spielen. Ich finde diese Entwicklung wirklich toll.

- Achtet auf eure Sicherheit. Tragt auch zum Spielen feste Schuhe und eventuell sogar Handschuhe.
- Regel: Es wird nur so wild gespielt, wie alles noch kontrollierbar ist. Sollte das Pferd aufdringlich sein, beharrt immer wieder auf euren persönlichen Raum und Sicherheitsabstand.
- Verlangt am Anfang nicht zu viel. Für viele Pferde ist Spielen neu. Manchmal dauert es etwas, bis sich das Pferd wohlfühlt und aus sich herausgeht.
- Spielt an einem sicheren Ort. Ein eingezäunter Reit- oder Longierplatz ist eine gute Möglichkeit.

Spielen ist nicht nur eine weitere Bewegungsmöglichkeit, es fördert auch die gute Beziehung zu seinem Pferd.

RICHTIG SPIELEN

Aber was heißt Spielen eigentlich? Und wie spielt man richtig? Darauf gibt es zum Glück keine Antwort. Es gibt kein richtig und falsch. Erlaubt ist, was beiden Spaß macht.
Solange man sich an gewisse Sicherheitsregeln hält, kann man ausprobieren, was dem Pferd so richtig Freude macht.

CLICKERN & CO.

Wölbchen liebt Clicker-Training, Tricks zu zeigen und miteinander zu laufen. Sie hat aber auch Spaß daran, mit einem großen Gymnastikball Nasenball zu spielen. Canto liebt es, mit einem großen Plastikwürfel zu spielen, aus dem manchmal Leckerlis rausfallen. Er mag auch Übungen an der Hand. Viele Sachen, die ich mit den Ponys spiele, sind einfach durch Zufall im Laufe der Zeit entstanden. Probiert doch einfach mal aus, was eurem Pferd gefällt und woran ihr als Team Spaß habt.

RUNTERFALLEN
VOM
PFERD

ZUM RUNTERFALLEN GIBT ES VIELE SCHLAUE SPRÜCHE. MANCHE SAGEN, DASS JEDER GUTE REITER MINDESTENS EIN MAL VOM PFERD GEFALLEN SEIN MUSS. ANDERE BEHAUPTEN: „DAS HÖCHSTE GLÜCK DER PFERDE IST DER REITER AUF DER ERDE!"

GAR NICHT SCHLIMM?!

Ich bin in meinem Reiter-leben schon so oft vom Pferd gefallen, dass ich es an zwei Händen definitiv nicht mehr abzählen kann.

In meiner Anfangszeit passierte es aus Unerfahrenheit und hat mich sattelfester werden lassen, wenn Herr Pony mal wieder losbockte.

Runterfallen war für mich nie schlimm oder peinlich. Irgendwie gehörte es ab und an einfach dazu. Einfach abgerollt, geschüttelt und wieder aufstiegen.

Wenn man älter wird, macht man sich da schon ein paar mehr Gedanken. Aber zum Glück beschränkt sich das unfreiwillige Absteigen inzwischen auch tatsächlich auf Ausnahmesituationen.

„RUNTER-
FALLEN,
AUFSTEHEN,
KRONE RICHTEN,
WEITER-
REITEN!"

HELM UND SCHUTZWESTE

Mit der richtigen Ausrüstung gehen die meisten Stürze glimpflich ab. Deshalb vergesst nicht euren Helm beim Aufsteigen! Auch eine Schutzweste kann euch in der Anfangszeit, im Gelände oder beim Springreiten Sicherheit geben und die Angst vorm Runterfallen nehmen.

Eins steht jedenfalls fest: Schämen muss sich keiner fürs Runterfallen. Und auch die Angst davor ist vollkommen okay. Leute, die andere für ihre Angst auslachen oder die sich darüber lustig machen, wenn jemand fällt, sollten selber mal im Sand landen.

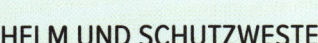

ANNICAS TIPP

REITET IMMER MIT HELM UND TRAGT EINE SCHUTZWESTE, WENN IHR EUCH DAMIT SICHERER FÜHLT.
WENN IHR RUNTERGEFALLEN SEID, STEIGT SO SCHNELL ES GEHT WIEDER AUF. SELBST WENN ES NUR EINIGE RUNDEN IM SCHRITT SIND. MANCHMAL ERFORDERT DAS VIEL MUT, ABER DIE ÜBERWINDUNG LOHNT SICH UND MACHT EUCH DAS AUFSTEIGEN BEIM NÄCHSTEN MAL VIEL LEICHTER.

PUTZEN **STEP** BY STEP

PUTZEN IST WELLNESS. ICH LIEBE ES, TÄGLICH DIESE MOMENTE MIT WÖLBCHEN UND CANTO ZU HABEN. UND ICH SEHE UND SPÜRE BEIM GROOMEN, OB SIE RUNDUM GESUND UND GLÜCKLICH SIND.

STEP 1

STEP 2

Step 2: Nach dem Anbinden geht es ans Striegeln. Das ganze Fell wird mit einem weichen Gummi- oder Plastikstriegel aufgeraut. Dabei löst sich auch der Staub im Fell. Der Striegel ist für den Körper und alle bemuskelten Stellen gedacht. Den Kopf und die Beine lasse ich dabei natürlich aus.

Step 1: In der Box kontrolliere ich die Hufe auf lockere Huf-eisen und kratze sie aus. So hinterlässt man auch keinen Dreck auf der Stallgasse und die Einstreu bleibt, wo sie hingehört.

STEP 3

STEP 4

Step 3: Jetzt sprühe ich den Schweif großzügig mit Schweif-spray ein und lasse alles trocknen.

Step 4: Die Beine bürste ich mit einer mittelfesten Wurzelbürste ab. Dabei kontrolliere ich sie genau auf kleine Verletzungen und Schwellungen.

ANNICAS TIPP

FINDET DIE LIEBLINGSSTELLEN VON EUREM PFERD. WENN ES DEN HALS STRECKT UND SICH WOHLIG HIN UND HER BEWEGT, DÜRFT IHR ETWAS FESTER KRATZEN UND STRIEGELN. DIE MEISTEN PFERDE HABEN EINE STELLE, AN DER SIE BESONDERS GER-NE GEKRATZT WERDEN.

Step 5: Ich bürste den Schweif ordentlich aus. Dabei drehe ich den Schweif komplett ein und fange unten am Ende an. Stück für Stück kämme ich mich höher. Durch das Schweifspray reiße ich dabei keine Haare aus und der Schweif fällt anschließend schön seidig und locker. Die Mähne bürste ich ebenfalls gut aus.

Step 6: Der Kopf ist an der Reihe. Wölbchen liebt es, am Kopf ausgiebig mit einem Handschuh geputzt und gekrault zu werden. Daher dauert dieser Schritt bei uns immer extralange. Wenn euer Pferd entspannt ist, könnt ihr ihm das Halfter dafür über den Hals schieben. Wölbchen bürste ich anschließend mit einer ganz weichen Bürste den Staub vom Kopf. Canto mag es lieber etwas fester.

STEP 7

STEP 8

Step 7: Die Nüstern reinige ich mit feuchten Tüchern. Ganz sanft und vorsichtig. Es geht auch mit einem Schwamm.

Step 8: Wölbchens Augen werden vorsichtig mit einem feuchten Tuch gesäubert. Manche Pferde reagieren darauf empfindlich, also sanft, aber auch nicht zu zögerlich sein.

WÖLBCHENS TIPP

Ich mag Striegeln nicht so gerne. Bei mir verwendet Annica statt eines Striegels einen weichen Gummihandschuh, das gefällt mir viel besser.

STEP 10

Step 9: Nach dem Gummihandschuh kommt die Wurzelbürste zum Einsatz. Hört sich etwas grob an, aber Canto liebt es, damit geschrubbt zu werden. Probiert einfach mal aus, was euer Pferd lieber mag.

Step 10: Nun ist die Kardätsche dran. Ich bürste in langen Strichen das komplette Fell und streife die Kardätsche immer wieder am Striegel ab. Den Striegel klopfe ich regelmäßig am Boden aus. Über die Beine geh ich auch noch mal schnell drüber.

Step 11: Den letzten Schliff gibt ein Mikrofaser-Handtuch oder ein Fell-Handschuh. Damit reibe ich das gesamte Pferd ab und gebe dem Fell so extra Glanz. An besonderen Tagen kommt jetzt noch etwas Huföl auf die Hufe und sofort sieht das Pferd top gepflegt aus.

STEP 11

MUST-HAVE

- Striegel
- Gummihandschuh
- Kardätsche
- Wurzelbürste
- Hufkratzer
- weiche Fellbürste
- Schweifbürste
- Handtuch
- Mikrofaser-Tuch
- Fell-Handschuh
- Feuchttücher
- Schwämme
- Schweifspray
- Hufpflegeöl

FÜHREN
STEP
BY STEP

ES SIEHT SO EINFACH AUS, WENN WÖLBCHEN NEBEN MIR
GEHT. ABER BESTIMMT HABT IHR ES AUCH SCHON ERLEBT,
DASS EIN PFERD DRÄNGELT ODER AM STRICK ZIEHT.
WIE DAS BESSER KLAPPT? SCHAUT EUCH DIE FOTOS AN!

STEP 1

GUTE STIMMUNG! STILLSTEHEN, LOBEN UND STREICHELN, SO KANN ES LOSGEHEN. WÖLBCHEN TRÄGT EIN KNOTENHALFTER MIT EINEM FÜHRSTRICK.

STEP 2

GLEICHSCHRITT! MIT DEM RECHTEN BEIN STARTEN. WÖLBCHEN BLEIBT AM DURCHHÄNGENDEN STRICK NEBEN MIR.

STEP 3

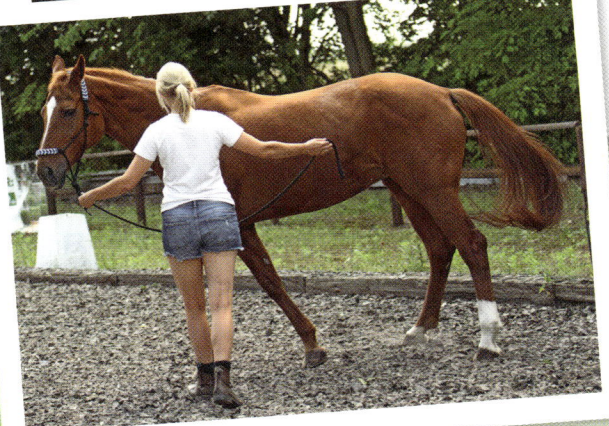

UMARMUNG?! NEIN, SEIT- WÄRTS. ICH BIN AUF WÖLBCHENS SCHULTERHÖHE UND ZEIGE IHR AUCH MIT DEN ARMEN DIE RICHTUNG.

KUSCHELPAUSE! WÖLBCHEN,
DU HAST DAS TOLL GEMACHT!
DABEI KANN SIE MIR GERN
AUCH GANZ NAH KOMMEN.

STEP 5

STEP 6

SCHRITT!
WÖLBCHEN
UND ICH
ÜBEN AUF
DEM REIT-
PLATZ BAHN-
FIGUREN WIE
BEIM REITEN.
ICH WEISS,
WO ICH LANG
WILL, UND
WÖLBCHEN
FOLGT MIR.

RÜCKWÄRTS!
ICH DREHE
MICH IN
WÖLBCHENS
BEWEGUNGS-
RICHTUNG
UND ZEIGE
IHR DEN WEG
NACH HINTEN.
SCHAUT AUCH
MAL AUF
SEITE 58.

PRAKTISCHE STALL-HACKS

DIESE HACKS, DIE ICH ALLE SELBST GETESTET HABE, ERLEICHTERN AUCH EUCH DAS LEBEN MIT DEN PFERDEN.

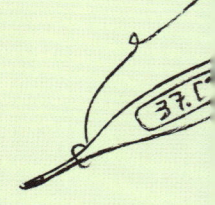

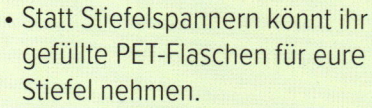

- Statt Stiefelspannern könnt ihr gefüllte PET-Flaschen für eure Stiefel nehmen.
- Bunte Kuschelsocken über den Steigbügeln schonen den Sattel und sind günstiger als Schoner.
- Manchmal muss man beim Pferd Fieber messen. Die optimale Temperatur liegt übrigens zwischen 37° und 38° C. Befestigt einen Faden mit Wäscheklammer am Thermometer. So könnt ihr es leicht am Schweif anklemmen und das Thermometer kann nicht ins Pferd rutschen.
- IKEA ist ein Paradies für Pferdemädchen. Die Abfalleimer SORTERA sind bei mir als Futtertonnen im Einsatz. Große IKEA-Tüten sind

perfekte Allround-Helfer im Stall. Ihr könnt darin alle möglichen Sachen aufbewahren und von A nach B bringen. Auch für den Heu-Transport sind sie super geeignet.

- Mikrofaserhandschuhe, eigentlich zum Staubwischen gedacht, eignen sich perfekt, um dem Fell den besten Glanz zu verpassen. 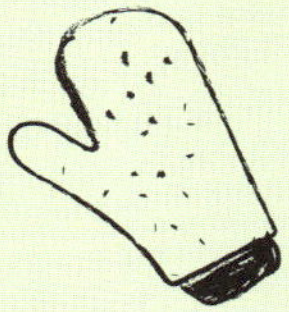
- Wenn euer Pferd im Sommer zu wenig trinkt, könnt ihr Mash-Wasser zubereiten. Gebt nur ganz wenig Mash in sehr viel Wasser.

Viele Pferde lieben den Geschmack und trinken davon mehr als von purem Wasser.

- Im Winter bekommen Wölbchen und Canto nach dem Reiten einen Eimer mit lauwarmem Wasser. Sie trinken es deutlich lieber und mehr als das kalte Wasser aus der Tränke.
- Euer Pferd guckt auf Fotos immer weg oder dreht die Ohren in die falsche Richtung? Mit der Tiergeräusche-App gelingt euch ein erstklassiges Wiehern, euer Pferd spitzt die Ohren und das Foto ist gerettet.

DUSCHEN
STEP
BY STEP

DUSCHEN GEHÖRT FÜR WÖLBCHEN UND CANTOLINO ZUM ALLTAG. IM WINTER NATÜRLICH DEUTLICH SELTENER ALS IM SOMMER. ABER AUCH WENN ES KÜHLER IST, GIBT ES AB UND AN EINE DUSCHE MIT WARMEM WASSER, BEVOR ES UNTER DAS SOLARIUM ZUM TROCKNEN GEHT.

HAVE-TO-DO

Im Sommer brause ich meine Pferde bei entsprechenden Temperaturen fast jeden Tag nach der Arbeit ab. Sie genießen die Abkühlung und lieben es, mit dem Wasserstrahl zu spielen. Dabei dusche ich nie das erhitzte Pferd ab, sondern warte nach dem Training immer so lange, bis Atmung und Puls wieder im Normalbereich sind, um Kreislaufproblemen vorzubeugen.

SCHAUMBAD ...

Mit Shampoo wasche ich nur ganz selten. Höchstens alle vier bis sechs Wochen oder zu besonderen Anlässen gibt es eine Dusche mit Pferdeshampoo. Dabei ist vor allem das Ausspülen ganz wichtig. Duscht euer Pferd anschließend lieber etwas länger ab, damit kein Schaum im Fell zurückbleibt. Den Schweif wasche ich übrigens öfter. Etwa alle zwei bis drei Wochen bekommt er eine richtige Wäsche. Dabei spare ich die Schweifrübe aus und wasche wirklich nur die Haare.

Wölbchens Duschroutine! Hier gibt's den Film.
https://www.youtube.com/watch?v=75kqcgjfKJA

STEP 1

STEP 1: ICH BEGINNE JEDE DUSCHE AN DEN BEINEN UND BRAUSE DIESE AUSGIEBIG VON ALLEN SEITEN AB.

STEP 2

STEP 2: JETZT GEHT ES AN BRUST UND HALS.

ANNICAS TIPP

WASSERSCHEUE PFERDE SOLLTET IHR GANZ LANGSAM AN DIE DUSCHE GEWÖHNEN. AM ANFANG NEHMT IHR DAZU LAUWARMES WASSER AUS EINEM EIMER UND SCHWAMMT DAS PFERD DAMIT VORSICHTIG AB. NACH UND NACH KANN MAN IMMER MEHR WASSER NEHMEN UND NEBENBEI DEN SCHLAUCH LIEGEN LASSEN. DAS PFERD GIBT HIER DAS TEMPO VOR. EURE GEDULD WIRD GARANTIERT BELOHNT!

STEP 3: ERST GANZ ZUM SCHLUSS UND NUR, WENN ES WARM GENUG IST, KOMMT DAS WASSER AN DEN RESTLICHEN PFERDEKÖRPER. ACHTET IMMER AUF DIE REAKTION EURES PFERDES. MANCHE MÖGEN EINEN SANFTEREN WASSERSTRAHL LIEBER ALS DEN VOLLEN DRUCK.

STEP 3

STEP 4

STEP 4: WÖLBCHEN GENIESST DAS KÜHLE WASSER. ABER NICHT JEDES PONY REAGIERT SO GELASSEN WIE MEINE SÜSSE. ALSO VORSICHTIG SEIN!

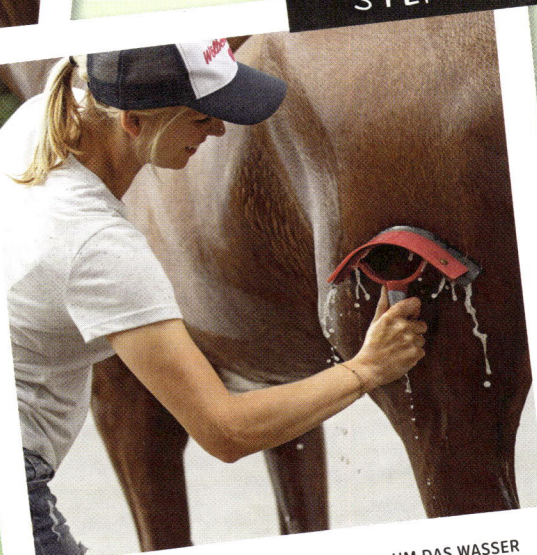

STEP 5

ACHTUNG

Immer wieder sehe ich Reiter, die rücksichtslos den Wasserschlauch voll aufgedreht ins Gesicht der Pferde halten und die sich dann auch noch über deren Gegenwehr wundern. Wasser im Pferdeohr ist absolut tabu! Auch fürs Gesicht gilt: Langsam und vorsichtig daran gewöhnen und wenn, dann nur mit ganz wenig Wasserdruck duschen. Die Ohren immer aussparen!

STEP 5: ICH BENUTZE EIN SCHWEISSMESSER, UM DAS WASSER AUS WÖLBCHENS FELL ZU ZIEHEN. ZUM TROCKNEN GEHEN WIR EINE RUNDE SPAZIEREN, IM WINTER INS SOLARIUM.

HUFE
RICHTIG
PFLEGEN

**DAMIT DIE HUFE MEINER PFERDE GESUND
BLEIBEN, STEHT DIE HUFPFLEGE FEST
AUF MEINEM TÄGLICHEN PFLEGEPROGRAMM.
DIE HUFE SIND DAS FUNDAMENT
JEDES PFERDES. DARAUF LAUFEN SIE UND
TRAGEN UNS DURCH DIE WELT.**

HUFSCHMIED

Grundlage der Hufpflege ist ein guter Hufschmied. Egal, ob mit oder ohne Eisen. Je nach Wachstum und Zustand sollte ca. alle sechs bis acht Wochen ein Schmied auf die Hufe eures Pferdes schauen. Sie werden ausgeschnitten, eventuell wird die Stellung korrigiert und neu beschlagen. Mir ist die gute Beziehung zu meinem Hufschmied sehr wichtig. Vor allem am Anfang sollte man mit ihm Wünsche und Sorgen besprechen und versuchen, bei den ersten zwei oder drei Terminen anwesend zu sein.

Je mehr der Schmied über euer Pferd weiß, desto besser kann er es betreuen. Solltet ihr nicht mit dem Schmied reden können oder er die Tendenz haben, euch abzuwimmeln, traut euch einen anderen Schmied zu beauftragen. Schließlich geht es um das Wohl eures Pferdes und ihr solltet dem Schmied vertrauen können.

TÄGLICHE HUFPFLEGE

Step 1: Die Grundlage der Hufpflege wurde durch den Schmied gelegt, jetzt bin ich dran. Tägliches Hufeauskratzen gehört zur Standardpflege. Außerdem kontrolliere ich den Sitz der Hufeisen. Wenn nichts wackelt und alles an seinem Platz ist, kann ich beruhigt sein. **Step 2:** Vor dem Reiten säubere ich die Hufe nur grob mit dem

- Hufkratzer
- Wurzelbürste
- Hufpflegeöl

STEP 4

Hufauskratzer und kontrolliere, dass sich keine Steinchen oder andere Fremdkörper im Huf befinden.

Step 3: Nach dem Bewegen werden die Hufe ausgiebig gepflegt. Gerade für harte Hufe empfehlen sich im Sommer häufiges Waschen sowie lange Spaziergänge auf der feuchten Wiese. Besprecht euch mit eurem Hufschmied, was den Hufen eures Pferdes guttut.

Step 4: Normalerweise reinige ich den Huf nach dem Reiten gründlich von innen und außen. Alle paar Tage – im Sommer auch häufiger – wasche ich die Hufe von Wölbchen und Canto nach dem Reiten mit Wasser und einer harten Wurzelbürste. Anschließend trage ich mehrmals wöchentlich Huföl auf den noch feuchten Huf auf. Das pflegt das Horn und sorgt für einen schönen Glanz.

ANATOMIE DES HUFES

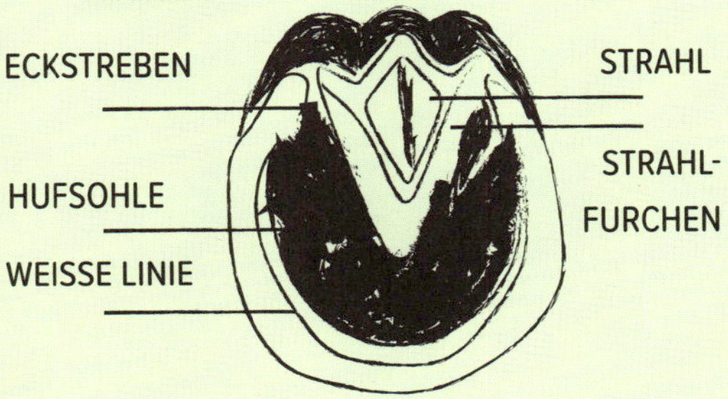

ECKSTREBEN

HUFSOHLE

WEISSE LINIE

STRAHL

STRAHL-FURCHEN

BASICS FÜR DIE BODENARBEIT

FÜR MICH GEHÖRT BODENARBEIT ZUR TÄGLICHEN ARBEIT MIT DEN PONYS. SELBST WENN ICH WÖLBCHEN NUR ZUR WIESE FÜHRE, ACHTE ICH AUF MEINE ERZIEHUNGSREGELN. DIE GELTEN FÜR WÖLBCHEN, ABER AUCH FÜR MICH!

MITEINANDER ÜBEN

- Ihr könnt euren Pferden vom Boden aus Tricks beibringen und natürlich euer Vertrauen zueinander stärken.
- Die Grundlage der Bodenarbeit ist einfaches Führtraining. Wölbchen und Canto sollen entspannt und locker auf meiner Höhe laufen, ohne am Strick zu zerren.
- Sie sollen neben mir anhalten, wenn ich stehen bleibe, und mit mir weiterlaufen, wenn ich vorwärts oder rückwärts gehe.
- Es braucht natürlich seine Zeit, aber es macht großen Spaß, solche vermeintlich einfachen Sachen mit dem Pferd zu erarbeiten und immer weiter zu verfeinern, bis irgendwann kleinste Bewegungen für die Kommunikation ausreichen.

VERTRAUENSTRAINING

- Wenn ihr euer Pferd locker und leicht führen könnt, kommen weitere Übungen hinzu. Beim Vertrauenstraining konfrontiert ihr euer Pferd mit gruseligen Gegenständen.
- Eine Mülltüte, die laut knistert und im Wind weht, einen Regenschirm, den man neben

Wenn euer Pferd eher ängstlich ist, fangt mit einfachen Übungen an und steigert die Anforderungen langsam. Überfordert es nicht. Beobachtet es bei der Arbeit, dann werdet ihr erkennen, wann es entspannt genug ist für den nächsten Übungsschritt.

dem Pferd aufspannt oder ein Sack mit leeren Konservendosen, den ihr laut scheppernd an einem Seil neben dem Pferd gehend hinterherzieht.

• Eurer Kreativität sind keine Grenzen gesetzt. Und je mehr ihr eurem Pferd zeigt, umso entspannter wird es neuen Aufgaben entgegentreten und umso vertrauensvoller wird es werden.

ERZIEHUNGSREGELN

• Konzentration
• Abstand halten
• Körpersprache
• Stimmsignale
• Loben

STANGEN
TRAINING
STEP BY STEP

DAS STANGEN-L IST TOLL FÜR DIE AUFMERKSAMKEIT. ICH LEITE WÖLBCHEN VORWÄRTS UND RÜCKWÄRTS HINDURCH UND LASSE SIE AUCH ÜBER DIE STANGEN STEIGEN. LOS GEHT'S!

STEP 1

Step 1: Geradeaus! Das Stangen-L wird aus vier stabilen Bodenstangen aufgebaut. Der Abstand zwischen den Stangen beträgt 1,50 m bis 1,20 m.
Tipp: Bereits mindestens drei Meter vor dem Hindernis ganz geradeaus gehen.

Step 2: Im Stangengang lasse ich vor der Ecke den Führstrick lang genug, damit Wölbchen ihren Kopf und Hals wenden kann. Ich gehe innerhalb der Stangen ein Stückchen vor ihr.

Step 3: Ich kann wie hier auch außerhalb der Stangen gehen, dann hat Wölbchen Platz zwischen den Stangen.

STEP 2

STEP 3

Step 4: Geschafft! Auch nach dem Hindernis gehe ich mit Wölbchen weiter geradeaus. Im Bodenarbeitswettbewerb wird die Bereitschaft des Pferdes zur Mitarbeit bewertet.

STEP 4

STEP 5

Step 5: Zurück bitte, Wölbchen! Ich drehe mich und schaue nach hinten. Mit meiner Hand vor ihrer Brust und einem Stimmsignal leite ich die Bewegung ein. Vor der Ecke halte ich Wölbchen an und lenke sie langsam Schritt für Schritt rückwärts.

STEP 6

STEP 7

Step 6: Hier sieht man Wölbchens diagonale Bewegung der Beine. Rückwärts bewegt sie wie im Trab gleichzeitig das rechte Vorder- und linke Hinterbein und das linke Vorder- und rechte Hinterbein.

Step 7: Im Gleichschritt über die Stangen. Auch das ist eine klasse Übung. Für die Muskulatur, fürs Timing und für die Abwechslung!

COOLES
CLICKER-
TRAINING

KENNST DU CLICKER-TRAINING?
EIGENTLICH IST CLICKERN EHER IN
DER HUNDEWELT ZU FINDEN,
ABER ES FUNKTIONIERT GENAUSO
GUT MIT PFERDEN.

ist aber total bemüht, sobald er einen Trick verstanden hat. Bevor ihr Tricks erarbeitet, muss euer Pferd den Clicker erst einmal verstehen. Außerdem braucht es etwas Übung, um im richtigen Moment zu clickern.

MEINE PFERDE

Wölbchen ist inzwischen ein echter Clickerprofi. Sie liebt es, mit dem Clicker zu arbeiten und kleine Leckereien abzustauben. Mich erstaunt immer wieder, wie schnell sie mit dem Clicker neue Aufgaben lernt. Und sie bietet sie sogar von selbst an, um sich ein Leckeren zu verdienen.

Canto hat auch Spaß am Clickern, ist aber nicht ganz so auf Zack wie Wölbchen. Er braucht etwas länger, um Zusammenhänge zu verstehen,

CLICKERN VERSTEHEN

• Der Click ist kein Kommando, sondern für dein Tier das Signal, dass es etwas richtig gemacht hat und dafür belohnt wird. Ihr markiert also mit dem Click den Moment der richtigen Ausführung. Statt Stimmlob gibt es einen Click und anschließend das damit zusammenhängende Leckerli.

• Damit euer Pferd den Click mit der anstehenden Belohnung verbindet, müsst ihr den Clicker erst einmal

Habt Geduld mit euch und eurem Pferd. Auch Clickern will gelernt sein. Übt öfter, aber nur kurz mit eurem Pferd.

konditionieren. Das funktioniert ganz einfach. Ihr klickt und gebt dem Pferd SOFORT ein Leckerchen. Click und die Gabe des Leckerlis dürfen maximal eine Sekunde auseinanderliegen. Solltet ihr einen kleinen Bettler haben, stellt euer Pferd hinter die Boxentür, damit es nicht aufdringlich werden kann.

• Ihr könnt auch direkt eine Aufgabe miteinbeziehen. Haltet das Target kurz vor die Pferdenase und animiert euer Pferd, das Target anzustupsen. Im Moment der Berührung klickt ihr und belohnt umgehend. Schnell wird euer Pferd das System verstehen und ihr könnt andere Tricks erarbeiten und zum Beispiel auch die Höflichkeit trainieren.

MUST-HAVE

• Clicker
• Kleine Leckerlis oder kleine Möhrenstückchen
• Target (z. B. eine Plastikflasche, Schwamm)

FREIES TRAINING
STEP BY STEP

MIT PFERDEN TANZEN – DAS IST GAR NICHT SO SCHWER. PROBIERET ES MAL MIT EUREN PFERDEN AUS.

STEP 1

WÖLBCHENS TIPP

Ich kann mit Annica tanzen. Macht echt Spaß und es gibt immer einen Keks zur Belohnung. Lecker! Schaut mal hier. https://www.youtube.com/watch?v=TXVEXAy6dpY

Step 1: Pirouette! Wölbchen hat gelernt, sich einmal um sich selbst zu drehen. Übt das zuerst mit einem langen Strick, bis euer Pony die Drehung verstanden hat.

Step 2: Spanischer Schritt! Stimmsignal und Fingerzeig genügen und Wölbchen hebt eines ihrer Vorderbeine so hoch es geht. Klar, gibt's Leckerli dafür!

Step 3: Trab! Nebeneinander traben macht voll Spaß. Wölbchens Ohren und Gesichtsausdruck zeigen Konzentration.

Step 4: Galopp! Wölbchen ist im Galopp voll bei der Sache.

Sie achtet auf mich und meine Körpersprache. Probiert es auf einem umzäunten Platz!

MIT PFERD SPAZIEREN GEHEN

FRÜHER FAND ICH SPAZIEREN GEHEN TOTAL LANGWEILIG. ALLEINE DURCH DIE GEGEND ZU LAUFEN, WAR EINFACH NICHT MEIN DING!

MITEINANDER GEHEN

Ich hätte nie gedacht, wie viel Spaß mir Spazierengehen machen kann. Wahrscheinlich ahnt ihr schon, was mich zum Umdenken gebracht hat?! WÖLBCHEN! Nachdem ich sie von der Wiese geholt hatte, wo sie über ein Jahr lang eine Auszeit hatte, brauchte ich eine Möglichkeit, sie sinnvoll zu bewegen. An Reiten war nicht zu denken. Und auch Longieren war noch keine Option.

Nachdem wir einige Tage über den Reitplatz geschlurft sind, habe ich ihr eine Trense angezogen und wir haben zusammen das Gelände erkundet. Seite an Seite sind wir durch den Wald spaziert, sind kilometerlange Feldwege entlanggewandert, haben in Pfützen gespielt und unsere Umgebung erkundet. Das Highlight eines jeden Tages war unser Spaziergang. Kleine Strecken bin ich mit Wölbchen sogar gejoggt und so wurde sie langsam wieder fit. Klar, kann man auch ausreiten, aber so ein Spaziergang schweißt einen irgendwie anders zusammen. Ein langer Strick ist nützlich, denn damit kann sich das Pferd auch mal erschrecken und ihr habt trotzdem alles im Griff. Probiert es doch einfach mal aus!

WÖLBCHENS TIPP

Ich kann empfehlen, zwischendurch ein paar Übungen wie Rückwärtstreten oder Anhalten einzubauen. Das hält euer Pferd aufmerksam. Und lasst das Handy in der Tasche, es ist eure Zeit mit dem Pferd!

MUST-HAVE

- Leckerlis
- Trense / Halfter, je nachdem wie sicher euer Pferd ist
- Handschuhe
- Ein langer Strick

STEP 1

... UND ACTION, BITTE! ♡

HEY, HIER IST WÖLBCHEN. DA STAUNT IHR: PLASTIKTÜTEN ODER REGENSCHIRM, WASSERSCHLÄUCHE ODER PFERDEHÄNGER – ALLES KEIN PROBLEM FÜR MICH! ICH VERTRAUE ANNICA UND SIE VERTRAUT MIR.

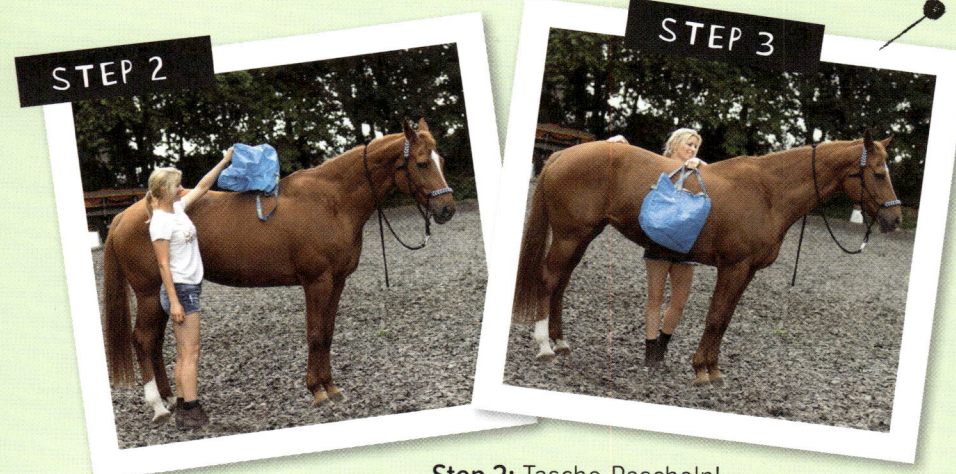

STEP 2

STEP 3

Step 2: Tasche-Rascheln!
Das hilft jungen Pferden, sich
auf das Satteln vorzubereiten.

Step 1: Tasche-Wedeln! Kenn
ich schon. Bei einem anderen
Pferd sollte Annica lieber etwas
mehr Abstand halten!

Step 3: Tasche-Baumeln!
Fühlt sich so ähnlich an wie
herunterhängende Steigbügel.

WÖLBCHENS TIPP

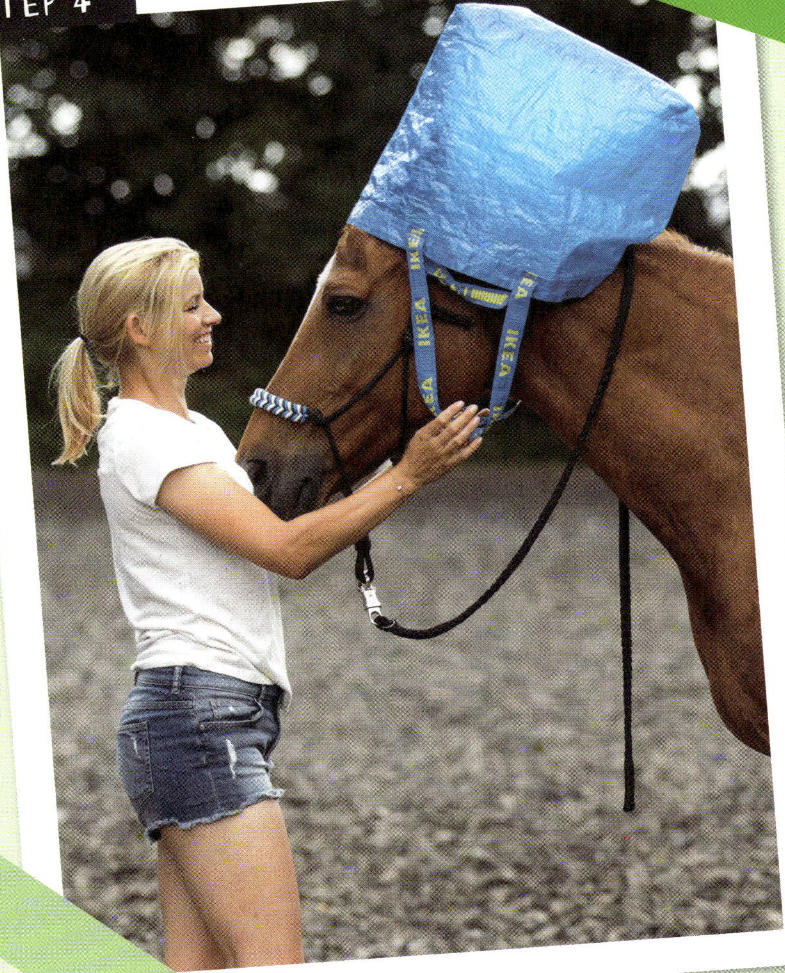

Step 4: Taschen-Hut! Wenn ich Annica nicht so lieb hätte ... vorteilhaft sieht anders aus.

Schaut mal hier. Ich komme auch mit einer megagroßen Plane klar.
https://www.youtube.com/watch?v=cHxScf5i3-Y

STEP 5

Step 5: Das Ding, das mal Stock und mal Deckel ist. Annica meint, ich solle dran schnuppern. Kein Problem!

Step 6: Deckel übern Kopf! Regnet doch gar nicht! Wenn Annica fröhlich lacht, ist alles in Ordnung.

Step 7: Ich mag es, wenn Annica mit mir kuschelt. Egal, ob mit oder ohne Dach überm Kopf.

Step 8: Ist da nicht ein Leckerli in Annicas Hand versteckt? Wir Ponys freuen uns, wenn wir fürs Relaxen belohnt werden.

STEP 6

STEP 7

STEP 8

REITEN
IM
GELÄNDE

NEBEN DEM SPRING- UND DRESSURTRAINING REITE ICH OFT MIT WÖLBCHEN UND CANTO AUS. DAS SORGT FÜR ABWECHSLUNG UND MACHT RICHTIG SPASS!

Klar, ist es toll fürs Turnier zu trainieren, Reitunterricht zu nehmen und sportliche Erfolge mit den Pferden zu haben. Aber für Wölbchen, Canto und mich steht der Spaß an erster Stelle. Beide Pferde lieben es, ins Gelände zu gehen. Ausgedehnte Schrittrunden oder auch mal ein schneller Galopp sind feste Bestandteile in unserem Wochenplan.

Am schönsten ist so ein Ausritt natürlich im Frühjahr, an warmen Sommerabenden oder im Herbst, wenn der Wald sich langsam verfärbt. Aber auch im Winter kann ein Ausritt toll sein. Warm eingepackt reitet man durch die Winterlandschaft.

AB INS GELÄNDE
• Im Sommer gehört mindestens ein Ausritt zum See zum Pflichtprogramm. Wölbchen ist

Seid höflich zu Spaziergängern oder Radfahrern und pariert rechtzeitig zum Schritt durch, wenn euch jemand entgegenkommt. So seid ihr immer wieder gern gesehene Gäste im Wald.

leider etwas wasserscheu, aber Cantolino liebt es zu baden und im See zu schwimmen. Wenn ihr noch nie mit eurem Pferd im Wasser wart, solltet ihr das unbedingt mal ausprobieren.

- Am sichersten ist Ausreiten natürlich zu zweit oder in der Gruppe. Falls ihr wirklich alleine losreitet, solltet ihr auf jeden Fall jemandem im Stall Bescheid geben, wohin ihr reitet und wann ihr voraussichtlich zurückkommen wollt.
- Auch das Handy solltet ihr dann unbedingt mit im Gepäck haben. Es gibt inzwischen auch tolle Apps, die nicht nur euren Ritt aufzeichnen, sondern auch eine Notfalltaste haben, mit der ihr schnell Hilfe rufen könnt, wenn doch mal etwas passiert.
- Ein Helm auf dem Kopf

gehört übrigens für mich zur absoluten Pflichtausstattung. Ohne Helm steige ich nicht aufs Pferd und reite auf keinen Fall aus.

TRAININGSIDEE

Man kann sein Pferd auch wunderbar im Gelände trainieren. Statt Runde um Runde in der Halle zu drehen, steigert eine lange Galoppstrecke, die leicht bergauf geht, die Kondition. Ich arbeite so an den Pomuskeln meiner Pferde.

PSSST ...

... wenn ihr uns mal über den Weg reiten möchtet, kann ich euch die Ville in Brühl empfehlen. Hier sind wir regelmäßig unterwegs und freuen uns über die ewig langen Sandwege.

MUST-HAVE

- Helm
- Handy
- Mitreiter

MEINE
TRAININGS-
TIPPS !

ZUM GUTEN HORSEMANSHIP GEHÖRT
KLARHEIT, KONSEQUENZ UND VIEL LIEBE!

UNTERRICHT

Wenn ihr einen guten Trainer gefunden habt, solltet ihr regelmäßig Reitunterricht nehmen. Auch wenn ihr keine Turniere gehen möchtet, tut es Pferd und Reiter gut, regelmäßig angeschaut und korrigiert zu werden. Man selbst bewegt sich sonst nie aus seiner Komfortzone heraus und so schleichen sich sehr schnell Fehler ein. Klar, kann man auch nur ausreiten, aber für mich gehört sinnvoll gymnastizierendes Reiten einfach für jeden, der sich auf einen Pferderücken setzt, dazu. Euer Trainer hilft euch bei Problemen und korrigiert Fehler, bevor sie sich festsetzen.

SCHLECHTE TAGE

Jeder hat sie mal. Tage, an denen man schlecht drauf ist. Man kommt gestresst im Stall an und hat andere Sachen im Kopf. An solchen Tagen denke ich immer einen Moment bewusst darüber nach, ob es ein guter Tag zum Reiten ist. Komplett gestresst ist man leichter unfair, beurteilt Situationen anders, ist ungeduldig und schiebt vielleicht sogar dem Pferd die Schuld in die Schuhe. An solchen Tagen mache ich lieber bewusst frei, putze ausgiebig, gehe mit Wölbchen und Canto spazieren oder stelle sie einfach noch mal auf die Wiese. Ein entspannter Ausritt ohne Leistungsdruck macht den Kopf frei und ist dem Pferd gegen-

über fairer, als vollkommen genervt Lektionen runterzureiten.

ANERKENNUNG

Wenn man sich überlegt, dass unsere Ponys Fluchttiere sind, ist es ein ziemliches Wunder, was sie alles mit uns machen. Wir dürfen uns (wie ein Raubtier) auf ihren Rücken setzen, dürfen mit ihnen über Wiesen galoppieren, auf denen sie sonst fressen und verlangen oftmals seltsame Sachen von ihnen. Wie zum Beispiel in einen schaukelnden dunklen Anhänger zu steigen.

All das schenken uns unsere Pferde. In Momenten, in denen man unzufrieden ist oder das Pferd mal nicht schnell genug die neue Lektion lernt, hilft es einfach mal darüber nachzudenken, was die Pferde uns alles erlauben. Mit dieser Dankbarkeit und einem Lächeln sind die meisten Situationen gar nicht so verfahren, wie sie einem vorkommen.

GEDULD

Pferde möchten es uns recht machen. Sie suchen Anschluss und wollen sich gut mit uns verstehen. Vielleicht gibt es unter hundert Pferden eine Ausnahme, aber grundsätzlich sind Pferde positive und freundliche Tiere. Kein Pferd wacht morgens auf und nimmt sich vor, seinen Reiter an diesem Tag zu ärgern. Trotzdem sieht man immer wieder Menschen, die es ihren Pferden übel nehmen, wenn sie mal falsch reagieren, eine Stange runterhauen oder den Reiter nicht verstehen.

Es gibt einen schönen Spruch: In diesem Satz steckt viel Wahrheit. Es liegt an uns, unseren Pferden zu erklären, was wir vorhaben. Und bevor wir uns etwas von den Pferden wünschen, müssen wir uns selbst im Klaren sein, was genau wir überhaupt wollen.

"IF YOUR HORSE SAYS NO, YOU EITHER ASKED THE WRONG QUESTION, OR ASKED THE QUESTION WRONG."

MEIN TRAININGS- BUCH

FÜR DAS TRAINING VON WÖLBCHEN UND CANTO NUTZE ICH EIN TRAININGSBUCH. IN DIESEM BUCH HALTE ICH NICHT NUR FEST, WAS ICH MIT IHNEN GEMACHT HABE, SONDERN AUCH WEITERE WICHTIGE FAKTEN.

FAKTEN, FAKTEN, FAKTEN

Auch wenn man mit mehreren Personen ein Pferd betreut, ist ein Trainingsbuch sinnvoll. So verliert man nie den Überblick. Ihr könnt in das Buch auch wichtige Termine wie Impfung und Hufschmied eintragen.

NAME DES PFERDES: Emy

DATUM: 30.04.19

PERSON: Nelle Hasch

☐ DRESSUR ☐ SPRINGEN ☒ AUSRITT ☒ LONGE ☒ BODENARBEIT

WIE WAR DAS PFERD: Gut net lieb

☺ ☺ ☺ ☹ ☹
☒ ☒ ☐ ☐ ☐

STIMMUNG REITER / REITERIN VOR DEM TRAINING:

☒ ☒ ☒ ☐

ANMERKUNGEN: Sie hat vast nie lust und will nich mit mir Arbeiten

DRESSURSTUNDE
MIT CANTO
STEP BY STEP

EGAL, OB MAN TURNIER- ODER FREIZEIT-REITER IST, DIE DRESSURMÄSSIGE ARBEIT DES PFERDES GEHÖRT MIT DAZU.

GYMNASTIZIERUNG DES PFERDES

Wenn wir unsere Pferde reiten möchten, ist es unsere Aufgabe dafür zu sorgen, dass sie uns tragen können. Egal, ob Turniersport oder Ausreiten, die Gymnastizierung des Pferdekörpers ist wichtig, damit unsere Vierbeiner lange gesund bleiben. Sie müssen Kondition haben, fit sein und über eine gut entwickelte Muskulatur verfügen.

Dafür sind keine anspruchsvollen Dressurlektionen nötig, aber die Basisarbeit sollte stimmen. Wenn unsere Pferde körperlich fit sind, haben sie auch nach längeren Ritten keine Schmerzen und lassen uns beim nächsten Mal gerne wieder aufsteigen. Ziel der dressurmäßigen Arbeit sollte es sein, die Muskulatur des Pferdes locker und geschmeidig zu machen, den Rücken aufzuwölben, Kraft aufzubauen und die Vorhand zu entlasten.

SO BAUE ICH EINE DRESSUR-EINHEIT AUF

• Warmreiten im Schritt mindestens 10 bis 20 Minuten. **TIPP:** Wenn es nicht regnet, reite ich lieber draußen eine Schrittrunde um den Block, statt in der Bahn Runden zu drehen.

- Trab und Galopp zum Lösen auf großen gebogenen Linien wie Zirkel und Schlangenlinien. Manche Pferde lösen sich besser im Galopp. Passt das individuell auf euer Pferd an. Außerdem frage ich die Dehnungshaltung ab und erfühle, ob es Baustellen in der Beweglichkeit des Pferdes gibt.
- Überlegt euch, was ihr in der Arbeitsphase erreichen möchtet. In einer Reitstunde kann man unmöglich an allen Problemen arbeiten. Nehmt euch lieber ein Thema vor und fokussiert euch darauf. Beachtet aber die richtige Reihenfolge. Erst wenn euer Pferd wirklich losgelassen und locker ist, solltet ihr mit schwierigeren Übungen anfangen.

- Beendet die Arbeitsphase mit Restenergie und bevor euer Pferd komplett erschöpft ist. Fragt noch mal die Dehnungshaltung im Trab ab und lasst euer Pferd im Schritt mindestens zehn Minuten herunterkühlen.

MUST-HAVE

- Dressur- oder Vielseitigkeitssattel
- Bandagen oder Gamaschen
- Dressurgerte
- Handschuhe
- Helm

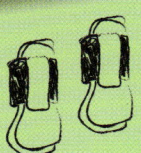   

KREATIVE DRESSUR-ÜBUNGEN

KEIN PFERD IST WACH UND MOTIVIERT, WENN ES 60 MINUTEN IM KREIS RUMLÄUFT UND EIN STANDARD-PROGRAMM ABARBEITEN MUSS. DESHALB DENKE ICH VOR DER REITSTUNDE ÜBER MEIN TRAININGSZIEL NACH.

KREATIV IM VIERECK

Fordert euch und euren Vierbeiner und gestaltet die Reitstunde möglichst abwechslungsreich. Wenn man täglich mit seinem Pferd arbeitet, kann einem schon mal die Inspiration ausgehen. Deshalb habe ich für euch einige meiner Lieblingsübungen zusammengestellt, die ich immer wieder nach der Lösungsphase ins Training einbaue.

ACHTEN REITEN

Bei dieser Übung arbeite ich an der Längsbiegung. Außerdem aktiviere ich das innere Hinterbein zum Lastaufnehmen und Untertreten.
Man startet damit, Achten zu reiten, achtet auf die korrekte Spur und biegt das Pferd gleichmäßig zu beiden Seiten. Verkleinert und vergrößert den Radius, um die Übung schwerer oder leichter zu gestalten.
TIPP: 2 Pylonen können die beiden Mittelpunkte markieren.

GAS UND BREMSE

Oft bin ich Tempiwechsel geritten, wie es eben gepasst hat. Dadurch schleichen sich schnell Fehler ein, weil man eben einfach später versammelt oder zulegt. Das Abfragen von einer exakt vorgegebenen Strecke oder einer Galoppsprungzahl zeigt, wie durchlässig das Pferd wirklich ist.

Nehmt euch vor:

- 10 Galoppsprünge im Arbeits-galopp – 10 Sprünge Galopp verkürzen
- 10 Galoppsprünge im Arbeits-galopp – 10 Sprünge Galopp verlängern
- Wenn eure Kommunikation gut ist, könnt ihr irgendwann auf 5 Sprünge verkürzen. Im Trab zähle ich nicht die Schritte, sondern orientiere mich an den Buchstaben des Vierecks.

GERADEAUS

Wirklich geradeaus zu reiten, ist gar nicht so leicht. Legt euch mit einigen Stangen eine Gasse und versucht, ohne viele Lenkmanöver im fleißigen Vorwärts durch die Gasse zu traben und zu galoppieren. Wenn euer Pferd noch deutlich schief wird, arbeitet vermehrt an der Geraderichtung.

fragt, was wohl als Nächstes kommen wird. Gerade in den langweiligen Wintermonaten kann man seinen Vierbeiner so motiviert halten.

LET'S GO

Wer wünscht sich nicht ein Pferd, das noch etwas feiner reagiert und auf kleinsten Schenkeldruck fleißig vorwärts tritt? Diese Übung hilft, das Pferd für die Hilfen zu sensibilisieren und funktioniert am besten im Trab.

Wählt ein Tempo aus, in dem ihr gut zum Schritt durchparieren könnt. Bereitet die Parade vor und denkt an Schritt. Wenn das Pferd in den Schritt fällt, gebt sofort den Impuls zum Antraben, lasst das Pferd antreten und schickt es vorwärts. Die meisten Pferde werden überrascht sein. Scheut euch nicht, den Impuls anfangs klar und deutlich zu geben. Vermeidet mehrfaches Auffordern. Je aufmerksamer euer Pferd wird, desto feiner kann eure Hilfe werden. Lasst das Pferd zwischendurch immer wieder richtig Schritt gehen, damit es nicht ungewollt anzackelt.

CHAOS IM VIERECK

Jeder kennt beim Reiten gewisse Wege und Abläufe. Diese Übung macht das Pferd aufmerksam, wach und lässt es mitdenken.

Beginnt im Trab. Vergesst alle regulären Hufschlagfiguren und denkt euch einen Weg aus. Fangt langsam an und fragt, wenn alles klappt, immer schneller Richtungswechsel ab. Schlangenlinien quer durch die Bahn, einfach mal in die andere Richtung als gewöhnlich abwenden. Durch die Bahn und plötzlich eine Volte. Durchbrecht eure gewöhnlichen Reitmuster und überrascht euer Pferd. Wichtig ist nicht, dass sofort alles klappt und euer Pferd perfekt läuft, sondern dass es anfängt mitzudenken und sich

ZIEHHARMONIKA

Diese Übung wurde mir von Andreas Kreuzer beigebracht und sie fordert den kompletten Pferdekörper:

- Großer Galopp! Das Pferd soll sich strecken und über den Rücken vorwärtsgaloppieren.
- Kleiner Galopp! Das Pferd soll sich zusammenschieben und versammeln. Nutzt dafür einen kleineren Zirkel und fühlt, wann die Hinterhand wirklich aktiv unter den Schwerpunkt tritt.
- Kleiner Trab! Pariert zum versammelten Trab durch und lasst das Pferd wirklich fleißig untertreten. Ein kleiner Impuls mit der Gerte lässt die Hinterhand noch aktiver werden. Das Pferd schiebt sich immer weiter zusammen.
- Dehnung! Trabt fleißig vorwärts und entlastet den Pferderücken durch Leichttraben. Lasst das Pferd den gesamten Körper strecken und sich entspannen.

SPRINGTRAINING MIT CANTO

VOR JEDER SPRINGSTUNDE SOLLTET IHR
EUCH GENAU ÜBERLEGEN,
WAS IHR TRAINIEREN MÖCHTET.
AUF JEDEN FALL SOLLTET IHR, FALLS
IHR MAL OHNE TRAINER ÜBT, JEMANDEN
DABEIHABEN, DER EUCH VOM
BODEN AUS HILFT, ABSTÄNDE AUSZURICHTEN
UND STANGEN EINZULEGEN.

TO-DO-LISTE

Passt die Abstände zwischen den einzelnen Stangen und Sprüngen auf den Galopp-sprung eures Pferdes und die Höhe der Hindernisse an. Je höher das Hindernis, desto mehr Platz braucht das Pferd. Bei niedrigen Cavalettis können die Abstände etwas enger gewählt werden.

LEICHTE ÜBUNGEN

Trabstangen

Dienen als erster Kontakt mit der Stangenarbeit, außerdem gymnastizieren sie das Pferd. Abstände: 1,10 m – 1,30 m

Einzelne und mehrere Stangen

Im Galopp überwunden, schulen sie das Distanz- und Rhythmusgefühl. Abstände: 2,40 m – 3,50 m

Niedrige Kreuze mit Vorlegestange

Zuerst aus dem Trab anreiten, dann auch im Galopp. Abstände: Trab ca. 2,20 m – 2,50 m Galopp ca. 3,00 m – 3,50 m

CAVALETTI

IN-OUTS

VORLEGESTANGE

CANTOS TIPP

Springstunde mit mir in 2 Teilen:
https://www.youtube.com/watch?v=if1c95IaV78
https://www.youtube.com/watch?v=TAauhLIHf7w

In-Outs aus 2 Kreuzen

Abstände: Galopp ca. 3,00 m – 3,50 m

WICHTIG!

Die richtigen Abstände sind wichtig. Nehmt ein Maßband zur Hilfe, statt einfach zu schätzen.

FORTGESCHRITTENE ÜBUNGEN

Wenn Pferd und Reiter schon erfahrener sind, kann der Schwierigkeitsgrad erhöht werden. Das gelingt nicht nur durch mehr Hindernismaterial, sondern auch, indem man die Abstände verändert.

GYMNASTIKREIHEN SCHULEN PFERD UND REITER

Der Reiter lernt ausbalanciert zu sitzen und Sprünge mittig anzureiten. Außerdem sind Reihen eine tolle Rhythmus-schule. Reihen zu springen gibt Vertrauen, wenn die Übungen sinnvoll aufgebaut sind. Auch das Heranführen an höhere Sprünge ist aus einer Reihe heraus einfacher.

Das Pferd kann gezielt trainiert werden. Engere Abstände sind gut für den Kraftaufbau und schulen die Vorhandtechnik. Weitere Abstände aktivieren die Hinterhand und lassen das Pferd mehr zum Sprung ziehen.

GUT ZU WISSEN

SCHRITT
ABSTAND DER STANGEN:
0,85 M – 0,90 M

TRAB
ABSTAND DER STANGEN:
1,10 M – 1,30 M

GALOPP
ABSTAND DER STANGEN: 2,40 M – 3,50 M

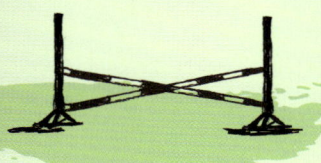

SPRINGEN **MACHT** GLÜCKLICH

MIT EINEM PFERD ÜBER HINDERNISSE ZU SPRINGEN, IST FÜR VIELE REITER EIN TRAUM. UND ICH KANN ABSOLUT NACHVOLLZIEHEN, WIESO.

Die Kraft zu spüren, wenn das Pferd abfußt, das Gefühl zu fliegen, der kleine Rausch von Geschwindigkeit und Stärke. Wenn ich früher mit Wölbchen oder heute mit Canto springe, bin ich jedes Mal glücklich. Das Glücksgefühl hat übrigens nicht unbedingt etwas mit der Höhe des Sprunges zu tun, sondern mit der Harmonie und Verbundenheit, die man währenddessen spürt.

BASIC-REGELN

Damit eure Erlebnisse beim Springen positiv sind, solltet ihr ein paar Basics beachten.

- Springt erst mit eurem Pferd, wenn ihr schon relativ sicher im Sattel sitzt und der Sitz unabhängig von der Hand ist. Übt den ausbalancierten, leichten Sitz beim Dressurreiten.
- Euer Pferd sollte sich dressurmäßig in allen Grundgangarten sicher auf den Hufschlagfiguren reiten lassen und bereits an Stangen gewöhnt sein.
- Am besten lernt ihr das Springreiten mit einem erfahrenen Pferd, das die Grundlagen beherrscht und euch als Lehrmeister dient.
- Alleine ausprobieren geht oft schief. Ich selber vermeide Probleme bei der Stangenarbeit lieber von Anfang an. Einmal verloren gegangenes Vertrauen stellt man nicht so leicht wieder her. Deshalb ist mein Rat: Sucht euch einen

guten Reitlehrer, der euch auf eurem Weg begleitet und mit Sachverstand an das Thema Springreiten heranführt.

LOS GEHT'S

- Das Pferd im Schritt für 10 bis 15 Minuten warmreiten
- Lösungsphase im Trab und Galopp auf gebogenen und geraden Linien mit vielen Übergängen.
- Wichtig: Abfragen von „Gas und Bremse" – Tempo verstärken und Tempo aufnehmen sollte gut funktionieren
- Grundsätzlich fängt man mit leichten Übungen an und steigert dann den Schwierigkeitsgrad je nachdem, wie erfahren das Pferd-Reiter-Team ist. Wenn ihr bislang kaum Erfahrungen habt, eignen sich die leichten Übungen. Je besser ihr werdet, desto anspruchsvoller werden die Aufgaben.
- Baut genügend Pausen für das Pferd und euch ein. Schritt am langen Zügel entspannt euch beide und ihr könnt kurz über alles nachdenken.

- Angst gehört zum Springreiten NICHT dazu. Wenn ihr unsicher seid, geht einen Schritt zurück und sammelt wieder Sicherheit durch viele Wiederholungen von Aufgaben, die gut klappen. Redet mit eurem Reitlehrer, wenn ihr etwas nicht verstanden oder Angst vor etwas habt.
- Nach der Springstunde steht austraben und Trockenreiten auf dem Programm. Trabt euer Pferd einige Runden vorwärts-abwärts in die Dehnung und lasst es dann im Schritt zur Ruhe kommen.

CHECKLISTE

- Springsattel
- Schabracke
- Gamaschen
- Vorderzeug
- Helm
- Sicherheitsweste
- Handschuhe
- Kurze Springgerte

STEP 1

STEP 2

STEP 3

STEP 4

Step 1: Ein kleiner Steilsprung zum Warmmachen. „Vom Leichten zum Schweren" ist das Motto! Weder euer Pferd noch ihr sollten überfordert werden, damit ihr das Springen genießen könnt.

Step 2: Ein kleiner Oxer. Die vordere Stange ist einladend tiefer gelegt. Ich achte darauf, in der Mitte des Hindernisses zu springen. #nobodyisperfect: Meine Unterschenkel könnten etwas weiter vorne liegen.

Step 3: Bascule heißt auf Französisch „Brücke" und so nennt man auch die bogenförmige Haltung des Pferdes über dem Sprung. Das Pferd wölbt hierbei den Rücken auf, was Canto an diesem Sprung toll zeigt.

Step 4: Danke, lieber Canto! Mein Hengst hat so viel Mut und Bereitschaft zum Springen. Ich bin echt stolz auf ihn! Er macht sehr gut mit. Ich zeige ihm meine Dankbarkeit oft und ausgiebig.

DAS ERSTE TURNIER

ICH KANN MICH NOCH GENAU DARAN ERINNERN, WIE AUFGEREGT ICH AUF MEINEM ALLERERSTEN RICHTIGEN TURNIER WAR.

MEINE ERSTE E-DRESSUR

Seit einiger Zeit hatte ich schon Reitstunden auf Listro, einem braunen Wallach, der einem Mädchen aus meinem Reitstall gehörte. Da Listro schon etwas älter war, durfte ich von ihm lernen und auch das erste Mal bei einem externen Turnier an den Start gehen. Wir hatten eine E-Dressur genannt, was damals noch nicht online ging, sondern mit Nennscheck und Aufklebern, die vorab verschickt wurden.

Am Turniertag wurde Listro natürlich ordentlich herausgeputzt und bekam schicke Zöpfe. Ich fühlte mich schon, bevor es losging, wie eine Prinzessin in meinem Outfit mit weißer

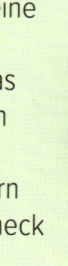

ANNICAS TIPP

DEN SCHWEIF FLECHTE ICH FÜR DEN TRANSPORT LOCKER EIN. WENN ICH IHN DANN AUF DEM TURNIER ÖFFNE, FÄLLT ER LOCKER UND IN SCHÖNEN WELLEN.

Hose und schwarzem Jacket, dass mein Opa mir zum Turnierstart geschenkt hatte. Als es dann losging, hatte ich ganz schön Herzklopfen, aber Listro wusste genau, was zu tun war, und trug mich ganz brav durch die Prüfung.

Für eine Schleife reichte es zwar nicht, aber ich platzte trotzdem fast vor Stolz, als wir zurück auf den Hof kamen. Ein bisschen von diesem Gefühl habe ich bis heute abgespeichert.

Natürlich ist Gewinnen schön, aber es geht nicht nur um Schleifen und Erfolge. Bis heute steht für mich das Erlebnis mit meinen Pferden im Vordergrund. Und manchmal wird man mit einer Platzierung belohnt.

MÄHNE
EINFLECHTEN
LEICHT GEMACHT

STEP 1

STEP 2

STEP 4

**FÜRS TURNIER ODER EINFACH NUR ZUM SPASS –
MIT EINGEFLOCHTENER MÄHNE
SEHEN ALLE PFERDE RICHTIG SCHICK AUS.**

SCHICK, SCHICK!

Es gibt verschiedene Möglichkeiten, die Mähne einzuflechten. Wofür man sich entscheidet, hängt nicht nur von der Länge der Mähne, sondern auch von der Haarstärke und der Haarmenge ab. Bei Friesen oder Haflingern mit langer Mähne sehen Bauernzöpfe toll aus. Wölbchen und Canto haben kurze Mähnen. Deshalb flechte ich die beiden immer klassisch mit Zöpfchen ein, die ich anschließend hochrolle. Wenn eure Pferde sehr feine und dünne Mähnen haben wie Wölbchen, ist es leicht, Zöpfe mit Mähnengummis zu machen. Bei Canto, der eine dicke Mähne hat, nähe ich ein oder nutze den Haarnadel-Trick. Der Anfang ist bei allen Methoden gleich.

VERZICHTET EINIGE TAGE VOR DEM EINFLECHTEN AUF MÄHNENSPRAY ODER EINE MÄHNENWÄSCHE, DENN DADURCH WERDEN DIE HAARE ZU GLATT.

EINFLECHTEN UND EINNÄHEN

Step 1: Die Mähne kämmen und mit dem Mähnenkamm in gleich große Partien abteilen. Man kann auch mit dem Mähnengummi die Breite der Strähnen markieren. Danach einfach abteilen und ein Gummi um jede Partie wickeln. Je größer die Zöpfe werden sollen, desto breiter die Abteilungen. Je kleiner ihr die Zöpfe haben möchtet, desto kleiner werden die Partien.

Step 2: Flechtet die einzelnen Partien fest herunter. Macht die Haare vorher feucht, damit sie sich leichter flechten lassen. Befestigt am Ende des Zopfes ein Gummi, um alles zu fixieren.

Step 3: Nun klappt ihr die Zöpfe ein und schlingt ein zweites Mähnengummi darum, damit die Zöpfe ordentlich fixiert sind.

Step 4: Wenn ihr die Mähne einnähen möchtet, braucht ihr eine dicke stumpfe Nadel und starkes Garn. Nehmt den Faden am besten doppelt und stecht mit der Nadel durch das untere Gummi. Danach den Zopf Stück für Stück hochrollen und immer wieder durchnähen. Zum Schluss noch zwei- bis dreimal den Faden durchstechen. Verknoten braucht ihr den Faden nicht. Der Zopf sollte auch so sicher halten.

HAARNADEL-TRICK
Noch einfacher: Den fertig geflochtenen Zopf hochrollen und eine Haarnadel von unten nach oben durchstechen. Die Enden einfach zur Seite wegbiegen. Ich hätte nie gedacht, dass es so gut funktioniert, aber der Zopf hält genauso fest wie beim Nähen.

MUST-HAVE
- Mähnenkamm
- Mähnengummis (viele)
- stumpfe Nähnadel
- dicker Faden
- Haarnadeln (viele)
- Verbandschere
- Schwamm

TURNIERSTART
MIT
WÖLBCHEN

FRÜHER SIND WÖLBCHEN UND ICH VIEL ZUSAMMEN ZU TURNIEREN GEFAHREN. WIR SIND IN DRESSUR- UND SPRINGPRÜFUNGEN GESTARTET UND HABEN VIELE SCHLEIFEN GESAMMELT.

Inzwischen habe ich Wölbchens Turnierprogramm deutlich reduziert. Wir fahren nur noch ab und an los, um in einer Dressurprüfung an den Start zu gehen.

Stattdessen haben Wölbchen und ich etwas Neues für uns entdeckt. Es gibt nämlich viele tolle Breitensport-Events, die mit dem klassischen Turnier nicht viel gemeinsam haben. Hier sind Wettbewerbe wie die gerittene oder geführte Gelassenheitsprüfung oder eine Bodenarbeitsprüfung ausgeschrieben. Schick gemacht wird sich dafür natürlich trotzdem. Aber dann kommt es eben auf das Vertrauensverhältnis zwischen Pferd und Mensch an.

Erfolgreich ist, wie auf allen Turnieren, wer zu Hause fleißig geübt und das Pferd optimal auf die Anforderungen vorbereitet hat. Die haben es je nach Wettbewerb durchaus in sich. Der Gang über knisternde Folien oder der laut scheppernde Klappersack, Rückwärtsrichten im Stangen-L oder aufsteigende Luftballons sind nur einige der Aufgaben, die zum Beispiel in der GHP-Prüfung auf einen warten.

Wenn ihr Spaß an der Bodenarbeit habt und schön fleißig
übt, nennt doch einfach mal so
eine Prüfung und schaut, wie
ihr sie als Team meistert. Das
Erlebnis mit eurem Pferd wird
euch bestimmt noch enger
zusammenschweißen.

WÖLBCHENS TIPP

Begleitet uns zum Turnier!
https://www.youtube.com/watch?v=oCn-2XtLx24
https://www.youtube.com/watch?v=GmthrOKjD5M

PFERDE **RICHTIG** FÜTTERN

ZUM THEMA PFERDEFÜTTERUNG GIBT ES UNZÄHLIGE
MEINUNGEN UND TAUSENDE PRODUKTE.
IN ALL DEM WIRRWARR HABE ICH MEINEN WEG GEFUNDEN,
DER FÜR WÖLBCHEN UND CANTO GUT FUNKTIONIERT.

> ICH FÜTTERE MEINE PFERDE MÖGLICHST NATURNAH, AUCH WENN ICH BUNTE TÜTEN HÜBSCH FINDE UND MIR DUFTENDE MÜSLI APPETIT MACHEN. ICH VERSUCHE, SO WEIT ES GEHT AUF MELASSE SOWIE FÜLL- UND DUFTSTOFFE IM PFERDEFUTTER ZU VERZICHTEN.

HEU, HAFER ODER MÜSLI

Die Pferdefütterung war für mich lange ein Buch mit sieben Siegeln. Ich habe einfach das gefüttert, was der Stallbesitzer empfohlen hat. Meist waren das relativ große Mengen Hafer, Pellets oder vormineralisiertes Müsli. Davon wurden je nach Pferdegröße zwischen ein und drei Kellen pro Mahlzeit in die Krippe geschüppt, ohne sich den Bedarf oder die Leistung des Pferdes genauer anzuschauen.

EXPERTE WERDEN?!

Ist das bei euch auch so? Habt ihr auch keine Ahnung, was euer Pferd braucht? Füttert ihr das, was alle füttern? Dann geht es euch genauso wie mir früher. Aber kein Grund zur Sorge. Ihr müsst keine Experten werden, um euren Pferden etwas Gutes zu tun. Der Bedarf lässt sich mit Tabellen, die man im Internet findet, leicht ausrechnen. Ich war übrigens sehr erstaunt, wie wenig Kraftfutter meine Pferde eigentlich brauchen.

WÖLBCHENS TIPP

Hafer macht spinnig? Das kann ich nicht bestätigen. Spinnig werden Pferde nicht durch den Hafer, sondern durch die Kombination von überschüssiger Energie und zu wenig Bewegung. Rechnet den Bedarf eurer Pferde doch einfach mal aus! Im Internet gibt es Tabellen!

GESUNDES **PFERDE-** FUTTER

KENNT IHR DIE FUTTERARTEN, DIE VERFÜTTERT WERDEN? NEBEN GRAS, HEU UND STROH GIBT ES NOCH VIELE ANDERE PRODUKTE.

MEINE FÜTTERUNGS-GRUNDSÄTZE

Raufutter: Die Grundlage der Pferdeernährung ist gutes Heu und Stroh. Da Wölbchen und Canto auf Spänen stehen, bekommen sie viel Heu. Euer Pferd sollte Minimum 1,5 kg pro 100 kg Körpergewicht bekommen. Meine beiden bekommen ca. 12 Kilo Heu jeden Tag. Außerdem füge ich Raufutter auch in Form von Strukturhäckseln dem Kraftfutter bei.

Kraftfutter: Am liebsten füttere ich Hafer. Das Pferd kann diesen optimal verwerten, und so lange das Pferd gute Zähne hat, spricht auch nichts gegen ungequetschten Hafer. Die Kraftfuttermenge passe ich der aktuellen Leistung an.

Mineralfutter: Ein gutes Mineralfutter gehört zur Fütterung dazu. Lasst am besten regelmäßig ein Blutbild machen, um die Versorgung eures Pferdes im Auge behalten zu können. Euer Tierarzt berät euch gerne und erklärt, welche Nährstoffe, Spurenelemente und Vitamine euer Pferd braucht.

Belohnungsfutter: Zur Belohnung gibt es Karotten oder auch mal Leckerlis. Zum Clickern bieten sich übrigens extrakleine Clicker-Leckerlis an, die ihr ganz einfach selbst machen könnt. Schaut mal auf Seite 60 (Clickern) und 122 (DIY).

INHALTSSTOFFE IM PFERDEFUTTER

Schaut mal auf die Inhaltsangabe auf der Futtertüte. Dort findet ihr Begriffe wie Melasse, das ist Zuckersirup. Füllstoffe können Hülsen, Spelzen, Kleie, Mehle, Kuchen oder Trester sein. Duft- oder Aromastoffe sind ätherische Öle oder Extrakte aus Früchten, Gemüse oder Kräutern.

LEDERPFLEGE
MUSS
SEIN!

REITEQUIPMENT IST UND BLEIBT TEUER. DESHALB SOLLTE MAN SEINE SACHEN, AUCH WENN ES AN MANCHEN TAGEN SCHWERFÄLLT, GUT BEHANDELN UND REGELMÄSSIG PFLEGEN.

GUT IN SCHUSS!

Wenn ihr eine Reitbeteiligung oder ein Pflegepferd habt, solltet ihr auf die Sachen sogar noch besser achtgeben. Schließlich ist es nicht euer Equipment. Eigentlich kann man die Reitsachen mit relativ wenig Aufwand gut in Schuss halten. Das Lederzeug bedankt sich mit einer längeren Lebensdauer und auch alle anderen Sachen freuen sich über Pflege.

NACH JEDEM REITEN/LONGIEREN

- Gebiss auswaschen
- Mit einer Fix-Lederpflege über die Lederteile wischen, die mit Schweiß in Berührung gekommen sind (Trense, Ledergurt, Martingal usw.)
- Gamaschen reinigen
- Groben Schmutz von den Stiefeln entfernen

EINMAL IN DER WOCHE

- Trense und Sattel gründlich mit Sattelseife reinigen
- Stiefel ordentlich abwaschen und mit Schuhcreme pflegen
- Mindestens 1x die Woche die Schabracke wechseln (an heißen Tagen natürlich öfter)
- Bandagen / Unterlagen waschen

EINMAL IM MONAT

- Die Trense auseinanderbauen, mit Sattelseife reinigen, anschließend einfetten
- Sattel fetten
- Schränke aufräumen und Dreck rausbürsten
- Gamaschen waschen
- Tränke auswaschen

EINMAL PRO HALBJAHR

- Großputz!!!
- Schränke ordentlich aufräumen und auswischen
- Sämtliches Lederzeug pflegen
- Alte Sachen aussortieren
- Futterschüsseln und Tröge auswaschen

WÖLBCHENS
PONYSPRACHE-
LEXIKON

IN DEN TEXTEN VON CANTO UND MIR TAUCHEN EIN PAAR BEGRIFFE AUF, DIE IHR VIELLEICHT ETWAS SELTSAM FINDET. IST HALT PONYSPRACHE!

A – D
BUNTES FLATTERDING:
Turnierschleife
BLONDES MÄDCHEN: Annica
COSY: Kuscheln
DANCE: Im Kreis drehen

E – H
FEUERMANN: Hufschmied
FLIMMERKISTE: Fernseher
HÜPFEN: Springen

I – L
IN DIE TASTEN HAUEN:
Auf dem Laptop schreiben

WÖLBCHENS TIPP

- Unter Ponysprache verstehen die Leute meistens die Körpersprache des Pferdes. Wenn wir die Ohren spitzen, sind wir gut gelaunt, das weiß eigentlich jeder. Flach angelegte Ohren zeigen eindeutig, dass wir gerade echt schlecht drauf sind.
- Schaut bitte genau hin und reagiert auf unsere Signale! Schon kleine Zeichen wie Ausweichen oder Ohrenzucken solltet ihr beachten.

INSTADINGS: Instagram
KARUSSELL: Führmaschine
KLIMPERKISTE: Laptop
KUMPELS: Unsere Pferdefreunde
LACHEN: Flehmen
LEINENKARUSSELL: Longe

M – P
MAMPFEN: Fressen
MENSCHENTREFFEN: Meet and Greet
PINGUINTREFFEN: Turnier
PONYGYM: Laufband

Q – T
ROLLEN: Wälzen
ROLLPLATZ: Paddock
SCHAUKELKISTE: Pferdeanhänger

SCHLAFZIMMER: Box
SCHWARZE KISTE: Kamera
SILBERDINGS: Laptop
SMARTDINGS: Handy

U – Z
VIERBEINER: Pferde
ZIRKUS: Auftritt
ZWEIBEINER: Menschen

MEINE
LIEBLINGS-APP
INSTAGRAM

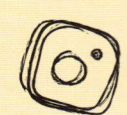

NEBEN YOUTUBE IST INSTAGRAM MEINE LIEBLINGS-APP, UM MEIN LEBEN MIT MEINER COMMUNITY ZU TEILEN. ENTWEDER ALS NORMALES POSTING ODER ALS INSTASTORY.

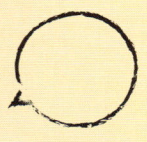

Ich freue mich über jeden Like und lese die meisten Kommentare, um zu erfahren, wie meine Bilder und Ideen ankommen und um Kontakt mit meinen Followern (Seite 116) zu halten.

TO-DO-LISTE

• Achtet auf einen gepflegten Stream. Benutzt ähnliche Filter und Einstellungen, um einen gleichmäßigen Look zu erzeugen.

• Seid authentisch und findet euren eigenen Stil. Natürlich könnt ihr euch von anderen inspirieren lassen, aber die Abonnenten folgen euch, weil ihr IHR seid. Findet heraus, was euch von anderen abhebt und pflegt kleine Eigenheiten, die euch sympathisch und unverwechselbar machen.

• Zeigt und postet, was ihr liebt. Es kann lange dauern, auf Instagram zu wachsen. Am besten tut ihr in dieser Zeit, was euch am Herzen liegt. Ich poste nichts, nur weil es gut ankommt, sondern zeige und schreibe nur, was mich wirklich berührt.

• Schreibt wichtige Infos über euch in die Bio. Sie ist eure Visitenkarte in der Social-Media-Welt.

woelbchen

855	173 T...	555
Beiträge	Abonne...	abonniert

Nachricht

WÖLBCHEN & CANTO • OFFICIAL
Marke
ANNICA HANSEN • EQUESTRIAN BLOGGER
•
YOUTUBE /annicahansen
KONTAKT☑ hey@annicahansen.com
SHOP @ponyliebe.de
Horse Fashion • Schmuck • Sh...

DON'T-DO-LISTE

• Kauft keine Follower. Ihr könnt
nur dann stolz auf eure Community sein, wenn sie aus echten
Leuten besteht und wenn sie
ehrlich aufgebaut ist.

• Bilder klauen und als die eigenen ausgeben, geht gar nicht.

WUSSTET IHR ...

dass man Insta auch
super zum Bearbeiten von
Fotos nutzen kann, die
man nicht posten möchte?
Einfach das Bild bearbeiten und dann den Flugmodus einschalten.
Wenn ihr das Bild jetzt teilt,
wird es nicht gepostet,
aber in euren Aufnahmen
gespeichert. Anschließend
bei Insta löschen und
den Flugmodus wieder
ausschalten.

RICHTIG
GUT ★
FOTOGRAFIEREN

INZWISCHEN HABE ICH DAS GLÜCK, MIT DEN PFERDEN OFT VOR DER KAMERA VON PROFESSIONELLEN FOTOGRAFEN ZU STEHEN.

VORHER

SHOOTINGS

Natürlich sind die Bilder die dabei entstehen, etwas ganz Besonderes. Viele Fotos, die ich poste, sind aber auch viel unkomplizierter entstanden. Große Shootings sind auch oft nicht ganz preiswert, und deshalb habe ich einige Tricks gesammelt, mit denen man auf einfache Art und Weise schönere und hochwertigere Fotos schießt.

FOTOGRAFIEREN LEICHTER GEMACHT

Tipp 1: Eine Spiegelreflex-kamera mit gutem Objektiv ist natürlich etwas Feines. Aber sie ist kein Muss, um tolle Fotos zu schießen. Jede Kamera ist nur so gut wie der Fotograf.

NACHHER

Die aktuellen Smartphones sind alle gut genug, um richtig schöne Bilder zu machen.

Tipp 2: Nehmt euch zwei Minuten Zeit, um über euer Motiv nachzudenken. Manchmal sind Schnappschüsse die schönsten Fotos, aber meist lohnt es sich, kurz zu überlegen, was ihr wie fotografieren möchtet.

Tipp 3: Räumt auf! Auch wenn es nervt, solltet ihr für einen sauberen Hintergrund sorgen. Kurz fegen, das Gerümpel und den hässlichen roten Mülleimer in eine andere Ecke schieben, lohnt sich. Das Bild wirkt sofort professioneller und nichts lenkt vom Motiv ab.

Tipp 4: Achtet auf gutes Licht! Tageslicht reicht dabei vollkommen aus. Probiert einfach mal aus und fotografiert das gleiche Motiv von zwei verschiedenen Seiten. Die Stimmung ist oft komplett anders. Sonne am Mittag wirft extrem tiefe Schatten und sieht meist weniger vorteilhaft aus. Dagegen ist das Licht frühmorgens, bei Sonnenuntergang oder bei bewölktem Himmel viel schmeichelnder. Wenn ihr Lust habt, spielt auch mal bewusst mit Gegenlicht.

Tipp 5: Lernt euer Equipment gut kennen. Egal, ob Handy- oder Spiegelreflexkamera. Wenn ihr wisst, wo welcher Knopf ist und wo ihr Einstellungen vornehmen könnt, seid ihr schneller und verpasst nicht den entscheidenden Moment.

Tipp 6: Schaut euch andere Fotos an und lernt dazu. Natürlich sollte man keine Fotos komplett nachstellen, aber andere Bilder können eine tolle Inspiration für euch sein.

WÖLBCHEN
UND DER
REFLEKTOR

BEIM FOTOTERMIN HABEN WIR DIESEN REFLEKTOR BENUTZT,
DAMIT WIR MEHR LICHT AUF DEN GESICHTERN HABEN. SCHAUT MAL,
WIE PROFESSIONELL WÖLBCHEN DAMIT UMGEHT.

MIT REFLEKTOR FOTOGRAFIERT!

HIER IST DAS LICHT UNTERSCHIEDLICH UND WIR HABEN HELLE FLECKEN AUF DEN GESICHTERN. DAS KÖNNT IHR VERMEIDEN, INDEM IHR BEI GLEICHMÄSSIGEM LICHT FOTOGRAFIERT.

BEVOR IHR LOSLEGT, ZEIGT EUREM PONY DEN REFLEKTOR, DAMIT ES KEINEN SCHRECK BEKOMMT. WÖLBCHEN IST PROFI UND SCHNUPPERT AM REFLEKTOR.

TIPP:
LECKERLI
UND GEDULD
SIND BEIM
SHOOTING
IMMER GUT!

NOT-A-
BEAUTY-
BLOGGER

ÜBER DIESES THEMA HABE ICH LÄNGER NACHGEDACHT. KLAR, MACHT ES MIR SPASS, MICH HERAUSZUPUTZEN UND ZU STYLEN.

WAS IST WICHTIG?

Ich ziehe auch gerne mal ein schickes Kleidchen an. Und dazu darf auch das passende Make-up nicht fehlen. Aber irgendwie ist mir mein Styling im Laufe der Zeit immer unwichtiger geworden.
Wenn ich mich in der Stadt mal bewusst umschaue, sehe ich junge Mädels, die komplett aufgetakelt durch die Straßen laufen. Frauen, denen ihr Look extra wichtig ist.
Natürlich verurteile ich das nicht. Auch ich hatte solche Phasen. Aber inzwischen fühle ich mich ungeschminkt eigentlich genauso wohl wie zurechtgemacht. Mich verwundert eher die Reaktion mancher Menschen, die klar signalisieren, dass sie es seltsam finden, dass man sich ungestylt, vielleicht sogar in Reithose, in den nächsten H&M wagt.

WOHLFÜHLEN

Wisst ihr, was? Ich finde, jeder sollte es so machen, wie er sich wohlfühlt. Wenn ihr einfach keine Lust habt, euch zu schminken, lasst euch von keinem verbiegen. Es ist vollkommen okay, natürlich durch die Welt zu laufen und ihr müsst euch garantiert nicht für euer Gesicht schämen.

Ihr habt Lust, Make-up auszuprobieren und rumzuexperimentieren? Macht das und lasst euch genauso wenig reinreden.

SO, WIE IHR SEID

Das Schöne am Stall ist, dass den Ponys unser Aussehen total egal ist. Und ich probiere immer mehr, diese Einstellung zu übernehmen. Wie ein Mensch wirklich tickt, können wir zum Glück nur in den seltensten Fällen am Outfit oder dem Make-up festmachen. Deshalb zeigt euch so, wie ihr euch wohlfühlt, und lasst die Trends einfach Trends sein.

LEICHTES TAGES MAKE-UP

FÜR VIDEOS UND SHOOTINGS SCHMINKE ICH MICH MEIST NUR GANZ LEICHT.

- Make-up (für einen ebenmäßigen Teint)
- Concealer (gegen Augenringe vom zu frühen Aufstehen)
- Puder (nur für schlimm glänzende Stellen)
- Lidschatten in hellem Gold
- Wimperntusche (davon gerne viel ;-))
- Augenbrauenstift
- Rouge
- Lippenpflege / Gloss

MODERIEREN ...

IST SCHON SEIT VIELEN JAHREN MEIN BERUF. UND TROTZDEM IST BEI YOUTUBE ALLES ANDERS ALS BEIM FERNSEHEN.

Moderieren kommt vom lateinischen Wort moderare, was so viel heißt wie „mäßigen", „steuern", „lenken". Und genau das ist der Job eines Moderators. Er führt durch die Sendung, steuert das Publikum durchs Programm. Und genau das war mein Job beim Fernsehen. Als Moderator ist man das Bindeglied zwischen dem Programm und dem Publikum. Es geht um die Show. Demenstprechend lang sind die Drehbücher und Texte. Im Fernsehen ist das meiste exakt vorgeplant. Wirklichen Spielraum für Improvisation, Spontanität haben höchstens

Joko und Klaas. Aber selbst bei deren Shows ist mehr gescriptet als man glauben möchte.

Trotzdem hat mir mein Job immer Spaß gemacht. Ich habe versucht, mich in dem Spielraum, den ich hatte, zu entfalten. Aber wirklich frei bin ich erst, seitdem ich YouTube mache. Kein Moderationscoaching, keine Sprechausbildung, kein Training hat mir das beigebracht, was ich bei YouTube gelernt habe: Authentisch zu sein. Vielleicht schaffen das manche Moderatoren auch im engen TV-Korsett, aber ich hatte immer meine Probleme damit. Vielleicht habe ich auch einfach nie die eine Sendung gefunden, für die ich wirklich brenne. Aber während meiner TV-Zeit hatte ich oft das Gefühl eine Rolle zu spielen.

UND DANN KAM YOUTUBE

Die ersten Anläufe auf YouTube waren fast hölzern, weil ich so überfordert war mit der plötzlichen Freiheit, alles zu dürfen. Es hat einige Anläufe gebraucht, bis ich genießen konnte, ich selber zu sein. Bei YouTube bin ich mein eigener Senderchef und entscheide selber, welche Themen mir am Herzen liegen, was ich wann hochlade und wofür ich brenne. Und noch eine Sache hat sich verändert.
Ich moderiere nicht mehr für eine anonyme und fremde Masse an Menschen, sondern für EUCH.
Ihr seid meine Quotenbox und gebt mir direktes Feedback. Durch euch weiß ich, welche Inhalte spannend sind und was ihr sehen möchtet. Zusammen lassen wir meinen kleinen YouTube-Sender wachsen und entwickeln uns miteinander weiter.

Die Erfahrung auf YouTube hat mich auch in anderen Bereichen besser gemacht.
Auf Events moderiere ich plötzlich freier und bin viel authentischer als früher.
Ich habe keine Angst mehr vor Versprechern und bin viel spontaner geworden.

Rückblickend bin ich dankbar für meine Fernsehzeit, weil ich dort viel gelernt habe. Technische Abläufe, Workflows, redaktionelles Arbeiten. Alles Erfahrungen, die ich nicht missen möchte.
YouTube hingegen hat mich kreativ gemacht. Und ich bin stolz, ein Creator zu sein.

ANNICAS TIPP

WENN ICH AUFGEREGT BIN, ZIEHE ICH MICH ZURÜCK UND MACHE ATEMÜBUNGEN. ETWAS AUFREGUNG GEHÖRT ABER DAZU, SONST WÄRE ES JA LANGWEILIG!

FMA
VIDEOS
DREHEN

BEIM VIDEODREH KOMMT MIR MEIN JOB ALS MODERATORIN ZUGUTE. IN MEINER TV-ZEIT KONNTE ICH VIEL ÜBER TECHNIK LERNEN. ICH BIN MIT OFFENEN AUGEN DURCH DIE GEGEND GELAUFEN, UM MITZUBEKOMMEN, WIE DINGE FUNKTIONIEREN.

FMAS
Wenn ich heute für YouTube drehe, denke ich vorher kurz darüber nach, was ich vorhabe. Bei Blogs und FMAs (Follow me around, Seite 118) passiert vieles spontan und ich lasse mich auf das ein, was einfach so passiert. Meistens habe ich hinterher viel zu viel Material. Mir fällt es jedes Mal schwer, aus 60 Minuten Filmmaterial zehn Minuten zu machen. Aber ins Video kommen nur die Highlights.
Bei den geplanten Videos überlege ich mir vorher einen groben Leitfaden und schreibe den auch auf. Ob ich mich daran halte? Ha ha ha ...

mal mehr und mal weniger. Aber es ist gut, eine Grundidee vor sich liegen zu haben. Meistens fallen mir beim Dreh noch ganz viele Sachen spontan ein. Nachher sind auch diese Videos meist zu lang. Aber mir ist zu viel Material immer lieber als zu wenig.

KAMERA-TECHNIK
Ich drehe mit verschiedenen Kameras. Für den Anfang tut es aber auch eine kleine und recht einfache Kamera. Zum Beispiel die Canon G7X, das ist eine Fotokamera, mit der ihr auch Videos drehen könnt. Ihr könnt aber auch den Camcorder eurer Eltern ausleihen, um die

ANNICAS TIPP

WICHTIG IST, DASS IHR ENTSPANNT BLEIBT UND EUCH KEINEN DRUCK MACHT. SEID EINFACH ECHT UND GEBT EUCH SO, WIE IHR SEID. WENN ETWAS SCHIEFLÄUFT, KÖNNT IHR ES SPÄTER IMMER NOCH HERAUSSCHNEIDEN ODER IN DIE OUTTAKES PACKEN. LACHER SIND GARANTIERT!

ersten Versuche zu starten, oder auch die Kamerafunktion eures Handys nutzen.

SCHNEIDEN

Nach dem Dreh geht es an den Schnitt. Es gibt viele kostenlose Programme, die ihr im Internet finden könnt. Ich selber schneide mit Final Cut Pro X.
Je erfahrener ihr werdet, desto besser werden auch euer Filmmaterial und der Schnitt. Aber wichtiger als jede Technik ist immer die Geschichte, die ihr erzählt. „Story first" ist die goldene Regel beim Videodreh.

MUST-HAVE

- Idee und Titel für den Film
- Foto- oder Videokamera
- Speicherkarte – mindestens 32 GB
- Selfiestick
- Computer
- Schnittprogramm

SO
MACHE ICH
FILME

OHNE YOUTUBE WÄRE MEINE KARRIERE SICHERLICH
GANZ ANDERS VERLAUFEN. WAS ICH ANFANGS NEBENHER
UND WIRKLICH WENIG ERFOLGREICH GEMACHT HABE,
IST IM LAUFE DER ZEIT ZU MEINEM HAUPTJOB GEWORDEN.

YOUTUBE

Während meiner Zeit als TV-Moderatorin habe ich nebenher Videos gemacht, die aber, um ehrlich zu sein, kaum jemanden interessiert haben. Ich habe vieles probiert: Leute nachgemacht, Ideen geklaut und wahrscheinlich jeden Fehler begangen, den man als YouTube-Neuling machen kann. Der wichtigste Tag in meinem Leben als YouTuberin war wahrscheinlich, als eine erfolgreiche Bloggerin zu mir sagte: „Du musst einfach nur das machen und zeigen, was du liebst!" Na toll, dachte ich mir, ich liebe Pferde, aber wer möchte denn

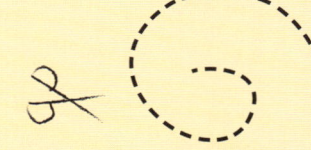

ANNICAS IDEEN

KENNT IHR MEIN ALLER- ERSTES STALL-FMA? WENN IHR LUST HABT, SCHAUT ES EUCH DOCH MAL AN. HTTPS://YOUTU.BE/VAJDUHC- MRJI „EIN TAG IM STALL"

- - - - - - - - - - - - - - - - - -

Wölbchen und mich sehen? Rückblickend muss ich schmunzeln, während ich dies schreibe. Und wahrscheinlich lächelt ihr gerade auch. Denn wenn ich damals schon gewusst hätte, wie sehr sich mein Leben verändern würde und wie viele Menschen Wölbchen, Canto und mir heute folgen, hätte ich wohl kaum so lange gezögert.

WÖLBCHENS PLAYLIST
Als mir nach Fitness, TV, Food und Beauty wirklich kein Themenbereich mehr einfiel, habe ich mein allererstes Stall-FMA gedreht. Ich war felsenfest davon überzeugt, dass sich das niemand anschauen würde. Aber der Tag, an dem ich auf „Hochladen" klickte, veränderte alles. Mein erstes Wölbchen-Video ist nach wie vor eines der

erfolgreichsten auf meinem Kanal. Das Feedback hat mir so viel Mut gemacht. Ich zeige jetzt, was mir wirklich am Herzen liegt: mein Leben mit den Pferden! Ich habe meine Leidenschaft zum Beruf gemacht. Leider habe ich keinen Kontakt mehr zu der Bloggerin ... aber an dieser Stelle möchte ich ihr noch mal danken, dass sie mich ermutigt hat, meine Träume zu leben.

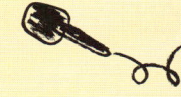

LIEBE
#ANNICREW!

WENN ICH EUCH, DIE JETZT GERADE MEIN BUCH IN DEN HÄNDEN HALTET, AUF MESSEN UND TURNIEREN TREFFE, GEHT MIR JEDES MAL DAS HERZ AUF. IHR GLAUBT GAR NICHT, WIE UNENDLICH DANKBAR ICH FÜR MEINE #ANNICREW, FÜR DIESE WAHNSINNIG TOLLE COMMUNITY, BIN.

und dann so viele auch zum zweiten, dritten oder vierten Mal sehe. Viele von euch erkenne ich inzwischen wieder, wenn wir uns treffen. Es fühlt sich an, als ob wir uns ewig kennen würden.

IHR LIEBEN

Das Zusammengehörigkeitsgefühl, das sich in den letzten Jahren entwickelt hat, macht mich sprachlos. Auf YouTube und Instagram steht nur eine Follower-Zahl. Aber ich bin so glücklich, wenn aus einer Zahl plötzlich Menschen werden. Wenn ich die Gesichter hinter den Zahlen kennenlerne. Wenn ich euch zum ersten Mal treffe

GROSSES HERZ

Wenn ich euch beschreiben müsste, würde mir als Erstes einfallen, dass ihr großartig seid. Wenn ihr mir gegenübersteht, sehe ich einfach so viel von mir in euch. Strahlende Gesichter, Lachen, Emotionalität, ganz viele große Herzen und vor allem unendlich viel Ponyliebe.

ES MACHT MICH SO GLÜCKLICH, EUCH GLÜCKLICH ZU MACHEN! UND OHNE EUCH WÄRE DIESE REISE NICHT MÖGLICH! DANKE, DASS ES EUCH GIBT! #ANNICREW

FREUDENTRÄNEN

Vielleicht ist das der Grund, dass mich die Treffen mit euch so glücklich machen. Dass ich jede Einzelne (und natürlich auch jeden Einzelnen ;-) so gerne umarme und euch in die Augen schaue. Uns alle verbindet, dass wir Pferde lieben. Der Stall ist unser schönster Ort, und der Geruch nach Ponyfell unser liebster Duft. Soll ich euch ein Geheimnis verraten? Wenn ich eure Briefe lese und die Geschenke auspacke, die ihr mir mitbringt, rollen mir manchmal Tränen der Rührung über die Wangen.

SOCIAL MEDIA LEXIKON

ES GIBT VIELE KÜRZEL UND ENGLISCHE BEGRIFFE,
DIE IN DER WELT DES INTERNETS VERWENDET WERDEN.
KENNT IHR EUCH AUS?

A-D

BLOG: Textbeiträge und Artikel auf Webseiten

CLICK BAIT: Dramatisch übertriebener Videotitel oder krasses Thumbnail für mehr Klicks, das mit dem Video nicht wirklich etwas zu tun hat

CLIPS: Kurze Filmsequenzen

DIARY: Tagebuch

DIY: Abkürzung für Do it yourself

E-H

ENGAGEMENT: Interaktionsrate der Community mit Beiträgen

FACEBOOK: Soziales Netzwerk

FEED: Der gesamte Fotoverlauf z. B. auf Instagram

FMA: Follow me around

FOLLOWER: Abonnenten in sozialen Netzwerken

HACKS: Praktische Ideen, Tipps und Tricks für Problemlösungen

HASHTAG: „hash" für Schriftzeichen # und „tag" für Markierung, ein Schlagwort zum Auffinden von Themen auf Plattformen wie Twitter, YouTube

HATER: Leute, die einem das Leben schwer machen

HAUL: Video, in dem Einkäufe gezeigt werden

HOW TO: Tutorial oder Erklärungsvideo

I-L

INFLUENCER: Personen und Meinungsmacher, die in sozialen Netzwerken eine starke Präsenz, ein hohes Ansehen und viele Follower haben

INSTAGRAM: Soziales Netzwerk

KANAL ODER CHANNEL: So nennt man seinen Account auf YouTube

KLICKS: Aufrufe von z. B. Videos oder Fotos

LIKE: Per Klick gezeigtes „Gefällt mir" für Beiträge

LIVE STREAM: Gegenteil von aufgezeichnetem Video, der Zuschauer ist in Echtzeit mit dabei

M-P

PLAYLIST: Übersicht der Themen, Vlogs oder Clips, sortiert nach Beliebtheit oder Aktualität.

PODCAST: Audiobeitrag, Blog zum Hören

POST: Beitrag in sozialen Netzwerken

Q-T

Q&A: Question and Answer, Community-Fragen werden beantwortet

REPOST: Fotos von anderen Seiten werden im eigenen Feed geteilt

ROOMTOUR: Räumlichkeiten wie z. B. Wohnung oder Stall werden gezeigt

SELFIE: Selbst gemachtes Portrait am ausgestreckten Arm

SHITSTORM: Massenhafte Kritik

SOCIAL MEDIA: Digitale Medien, die Menschen im Internet nutzen, um Themen zu veröffentlichen und sich mit anderen auszutauschen

STORY: Vor allem auf Instagram, kurze Einblicke per Foto oder Video, die nach 24 Stunden verschwinden

TAGGEN: Markieren von Accounts z. B. auf Instagram

TAGS: Etikett oder Schildchen, im Internet werden sie als Schlagworte benutzt, um Themen zu sortieren

THUMBNAIL: Vorschaubild, Bildvorschau, Miniaturbild

TWEETS: So werden Nachrichten auf Twitter genannt

TWITTER: Gezwitscher, weltweites Internetportal für den Austausch von kurzen Nachrichten

U-Z

VLOG: Video-Blog, kurz VLog oder V-Log sind Blogs in Form von Videos

YOUTUBE: Weltweites Internetportal, in das jeder seine Filme hochladen und öffentlich machen kann

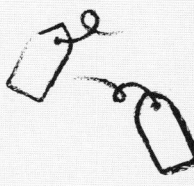

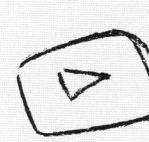

NOT-A-
FASHION-
BLOGGER

FUN FACT:
CA. 80 PROZENT
MEINER ZEIT
LAUFE ICH
IN REITKLAMOTTEN
RUM.

STILFINDER

Den eigenen Stil zu finden, ist gar nicht so leicht. Mode-Magazine, Instagram, YouTube, Werbung, lauter Einflüsse die einem erklären, was man anzuziehen hat. Sollen wir es leicht machen? Zieht doch das an, was euch gut gefällt!

Meist stimmt das eigene Bauchgefühl, wenn man in der Umkleidekabine steht. Lieblingsteile gefallen einem sofort vom ersten Moment an. Und die sollten definitiv in die Einkaufstüte wandern.
Klamotten, die man schon im Laden nicht so richtig mag,

bleiben meist für immer im Schrank hängen. Also Finger weg von solchen Teilen.

XS, S, M, L, XL

Lasst euch auch von Größen nicht verrückt machen. In meinem Kleiderschrank hängen die Größen 34 bis 42 und XS bis L. Da Größen nicht genormt sind, kann man sich darauf nicht verlassen und vor allem nichts ablesen. Wenn euch etwas gut passt und toll steht, ist es komplett egal, welche Größe drinsteht.

SHOPPINGQUEENS

Nehmt euch die Freundinnen zum Shoppen mit, die euch wirklich gut kennen. Dann macht einkaufen Spaß und zu Hause freut man sich über hübsche Teile die toll aussehen.

WÖLBCHENS TIPP

UND WENN EINEM MAL GAR NICHTS GEFÄLLT ... REITHOSE GEHT IMMER ;-)

LECKERLIS SELBER BACKEN

MIT MEINEN FREUNDINNEN HABE ICH NICHT NUR IM STALL EINE LUSTIGE ZEIT. MANCHMAL VERLEGEN WIR DEN PONYNACHMITTAG IN DIE KÜCHE UND BACKEN LECKERLIS.

HAFERFLOCKEN

Im Internet findet man viele Rezepte für Pferdeleckerlis. Die meisten Rezepte enthalten leider für Pferde ungesunde Zutaten wie Weizen, Weißmehl oder viel Zucker. Deshalb backe ich meine Pferdeleckerlis mit einer Hauptzutat, die für Pferde gut geeignet ist: Haferflocken. Haferflocken sind hydrothermisch aufgeschlossene Haferkörner. Die sind für eure Pferde gut zu verdauen. Natürlich solltet ihr auch von den gesunden, selbst gebackenen Leckerlis nur kleine Mengen ganz gezielt verfüttern.

LOS GEHT'S

Step 1: Feine Haferflocken sind die Grundlage meiner Leckerlis. Außerdem braucht ihr etwas

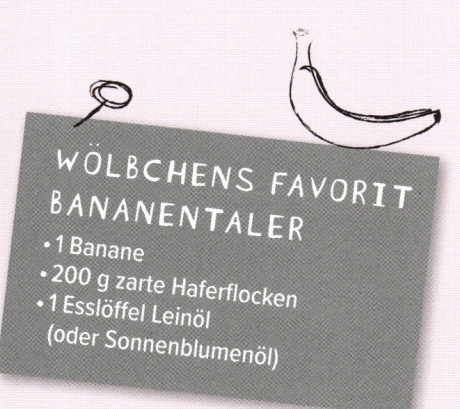

WÖLBCHENS FAVORIT
BANANENTALER

- 1 Banane
- 200 g zarte Haferflocken
- 1 Esslöffel Leinöl
  (oder Sonnenblumenöl)

CANTOS FAVORIT
APFELKUGELN

- 100 g ungezuckerten Apfelmus
- 250 g Haferflocken
- 1 Esslöffel Leinöl
  (oder Sonnenblumenöl)

Flüssigkeit in Form von Wasser, ungesüßten Saft, püriertes Obst oder Gemüse und etwas Öl. Das alles vermischt ihr zu einem festen, trockenen Teig.

Step 2: Sollte der Teig zu flüssig geraten, gebt ihr einfach mehr Haferflocken hinzu. Ist er zu krümelig, braucht ihr etwas mehr Flüssigkeit. Verknetet die Zutaten einige Minuten. So verbindet sich alles am besten.

Step 3: Um die leckeren Teilchen zu formen, feuchtet eure Hände etwas an. Jetzt könnt ihr kleine Röllchen, Kugeln oder Herzen formen. Eurer Fantasie sind keine Grenzen gesetzt.

Step 4: Die Leckerlis werden nicht richtig gebacken, sondern bei 100° C im Ofen für 60 bis 90 Minuten getrocknet. Lasst sie danach auf dem Blech aus-kühlen und noch mal einen Tag nachtrocknen, bevor ihr sie verfüttert.

Step 5: Die Leckerlis halten sich trocken gelagert ca. vier bis sechs Tage. Verfüttert sie nur, wenn sie ganz trocken und hart sind. Viel Spaß beim Ausprobieren und Backen!

ANNICAS TIPP
MACHT LIEBER ETWAS KLEINERE MENGEN UND BACKT DAFÜR ÖFTER. SO VERSCHIMMELT NICHTS.

7 ARTEN VON REITERINNEN
DIE ES IN JEDEM
STALL GIBT

**HABT IHR SPASS MIT DEN LEUTEN AUS DEM REITSTALL?
ICH AUF JEDEN FALL!**

1. UTE ÜBERMUTTI

Ute Übermutti ist immer extrem besorgt um das Wohlergehen ihres Vierbeiners. Es wird gecremt, was das Zeug hält. Ein Weidegang ohne mindestens vier Gamaschen und Hufglocken ist ein Todesurteil für das Pferd – und daher wird es am liebsten am Strick grasen gelassen. Osteopathen, Physiotherapeuten und Tierärzte sind regelmäßig zu Gast, um die neuesten Therapien am Patienten Pferd auszuprobieren. Die Fütterung des Pferdes gleicht der Raketenwissenschaft. Verrückterweise sind es oft die Pferde der Übermuttis, die sich trotz aller prophylaktischen Maßnahmen am häufigsten verletzen.

2. FRAUKE FLODDER

Frauke Flodder hat ihr Zeug im ganzen Stall verteilt. Egal, in welche Ecke man schaut, von ihr liegt garantiert etwas rum. Außerdem verliert sie oft Sachen. Wenn man sich fragt, von wem dieses oder jenes Teil ist ... in den meisten Fällen ist Frau Flodder die Besitzerin der herrenlosen Sachen. Falls sie selbst sich nicht mehr erinnert, ob ihr etwas gehört, erkennt man die Besitzerin

meist eh am Pflegezustand. Denn Equipment-Putzen gehört nicht zu Frau Flodders Lieblingstätigkeiten.

3. IDA IMMERDA

Ida Immerda ist einfach immer da. Egal, zu welcher Tageszeit man im Stall auftaucht, sie ist auch da. Da sie meist noch die Pflege für drei, vier andere Pferde übernimmt, Pferde mit rausstellt und auch mal die Fütterung übernimmt, gehört sie quasi zum Stall-Inventar. Wenn sie mal nicht da ist, fehlt etwas. Sie ist gleichzeitig die gute Seele und hilft immer gerne aus, wenn man mal keine Zeit hat.

4. BIBI BLITZEBLANK

Wenn es blitzt und glänzt, ist Bibi Blitzeblank nicht weit. Ihr Equipment sieht stets aus wie frisch aus dem Reitsport-geschäft. Eine Schabracke öfter als einmal aufs Pferd zu legen, ist in ihrer Welt ein echter Graus. Deshalb wird nach jedem Ritt fleißig gewaschen und gewienert. Und nicht nur das Lederzeug, auch ihr Vierbeiner strahlt wie ein Streber. Diese Pferde kommen selbst vom schlimmsten Matschpaddock mit glänzenden Hufen zurück in den Stall, denn Frau Blitzeblank hat sicherlich einen QuickStop am Wasserschlauch gemacht.

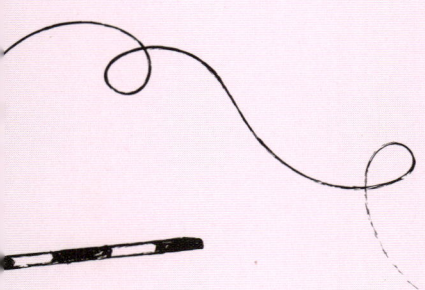

5. RITA REITER

Rita Reiter ist im Stall, weil sie reiten möchte. Dazu braucht sie ein Pferd. Ansonsten hat sie mit den Vierbeinern nicht viel am Hut. Ihre Prioritäten sind Training, Turniere und Erfolg. Dafür muss das Pferd möglichst gut funktionieren, ohne zu viel Aufwand zu machen. Wenn sie im Stall ankommt, vergehen meist keine 15 Minuten, bis sie im Sattel sitzt. Auch nach dem Training muss es meist ganz schnell gehen.

6. OLGA OSTWIND

Olga Ostwind träumt von der Freiheit zu Pferde. Über Felder fliegen, sich blind verstehen und das Pferd zum besten Freund haben. Gerne ohne Sattel, ohne Trense, ohne Zäune und gerne auch ohne Ausbildung, denn Olga glaubt, dass solche Momente sich einfach ergeben. Dass echtes Vertrauen viel Ausbildung und intensives Arbeiten bedeutet, hält sie für ein Gerücht. Lieber träumt sie von der großen Freiheit und schaut sich den neuesten Pferdefilm an.

7. TINA TRATSCH

Tina Tratsch ist gerne im Stall. Sie reitet auch ganz gerne. Aber ihr eigentliches Lebenselixier ist der Stall-Tratsch. Sie weiß jede Neuigkeit garantiert zuerst. Und natürlich verbreitet sie diese so schnell es geht. Wer mit wem? Wie war das Turnier von XY? Woher kommt das neue Pferd? Keine News, mit denen sie die Stallgemeinschaft nicht versorgen kann. Sie ist die BILD-Zeitung des Stalls. Und so gehen vier Stunden im Stall oft rum, ohne dass sie sich in den Sattel geschwungen hat. Es gab ja soooooo viel zu erzählen.

WÖLBCHENS
PFERDE-
KNIGGE

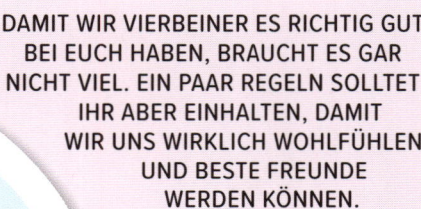

DAMIT WIR VIERBEINER ES RICHTIG GUT BEI EUCH HABEN, BRAUCHT ES GAR NICHT VIEL. EIN PAAR REGELN SOLLTET IHR ABER EINHALTEN, DAMIT WIR UNS WIRKLICH WOHLFÜHLEN UND BESTE FREUNDE WERDEN KÖNNEN.

zu verbringen, aber wir sind keine Sportgeräte. Wir bringen zwar gerne Leistung, um euch zu gefallen, aber genauso wollen wir auch als Lebewesen wahrgenommen werden. Wir lieben es, mit euch zu spielen, zu kuscheln und einfach Zeit zu verbringen.

VERSORGT UNS GUT!
Achtet auf gutes Futter, frisches Wasser und genügend Einstreu. Wir freuen uns auch, wenn ihr ab und an den Trog säubert und die Tränke reinigt.

BESCHÄFTIGT EUCH MIT UNS!
Wir lieben es Zeit, mit euch

SEID FAIR ZU UNS!
Und überfordert uns nicht. So wie ihr Zweibeiner, sind auch wir Pferde unterschiedlich. Nicht jeder Vierbeiner ist gleich talentiert oder schnell oder geschickt. Gebt uns Aufgaben, die wir erfüllen können. Wir machen euch gerne stolz, aber die Aufgabe muss zu uns passen.

SEID KONSEQUENT!

Wir sind eine klare Rangordnung gewöhnt. Es macht uns unsicher, wenn Dinge jeden Tag anders sind. Wir brauchen klare Regeln wie in einer Herde, an die wir uns halten können. Auch wenn ihr nur zwei statt vier Beine habt: Seid ein guter Leitmensch für uns!

LASST UNS BEI EUCH ALT WERDEN!

Nichts ist schlimmer, als abgeschoben zu werden, wenn man älter wird. Wir verstehen, dass ihr eventuell ein jüngeres Pferd dazuholt, um weiterhin im Sport aktiv zu sein. Aber sorgt auch im Alter für uns. Eine schöne große Wiese, Pferdefreunde, ein sicherer Stall für die Nacht, eine gute Futterversorgung und regelmäßige Streicheleinheiten machen uns glücklich. Auch wenn wir älter sind, genießen wir eure Aufmerksamkeit.

LASST UNS PFERD SEIN!

Wir sind Vierbeiner und haben andere Bedürfnisse als ihr. Denkt bitte lieber zweimal nach, falls ihr euch nicht sicher seid, was wir brauchen. Versucht, euch in unseren Kopf zu versetzen.

DANKESCHÖN! EUER WÖLBCHEN!

DIE PFERDE
MEINES
LEBENS

ES GIBT EINIGE PFERDE IN MEINEM LEBEN,
DIE MIR SEHR AM HERZEN LIEGEN UND DIE MICH BESONDERS
BEEINFLUSST HABEN.

TESSI
Du warst mein erstes Pflegepony und der süßeste Kerl aller
Zeiten. Mit dir konnte ich schon
als Mädchen die Grundlagen
der Bodenarbeit lernen. Du
hast mich immer zum Lachen
gebracht. Danke für die schöne
Zeit mit dir!

NIGHTINGALE
Du wunderbare fuchsfarbene
Ponystute, die mich irgendwie
an Wölbchen erinnert. Du warst
das erste richtig gut ausgebil-
dete Pferd, auf dem ich je saß.
Auf dir habe ich wirklich Reiten
gelernt.

FLAMME UND NANCY
Euch beide habe ich auf dem
Seehof Reuter kennengelernt.
Mit euch hatte ich so unglaub-
lich viel Spaß. Wir sind zusam-
men über Felder geflogen und
sind nachts zum Silbersee gerit-
ten. Danke für so viele schöne
Erinnerungen an unbeschwerte
Pferdesommer!

ESTRELLA

Du warst meine Reitbeteiligung, die ein bisschen aussah wie ein Pippi-Langstrumpf-Pferd: ein stichelhaariger Fuchs mit weißen Flecken. Wir konnten beide wenig, aber ich habe mich wirklich jeden einzelnen Tag gerne mit dir beschäftigt.

DEMOKRAT

Mein sanfter Riese. Du warst das erste Pferd, das wie mein eigenes war. Durch dich habe ich so viel gelernt. Du hattest eigentlich vor allem und jedem Angst. Umso schöner waren die Dinge, die wir gemeinsam erreicht haben. Anfangs konnte ich nicht mal einen Eimer Wasser in deine Nähe bringen.

Monate später bist du mit mir in den Teich spaziert, als ob es das Normalste der Welt wäre. Du hast mich mehr geformt als jedes andere Pferd und ich bin dir unendlich dankbar!

MEIN LIEBSTER PFERDETEXT

VON ZEIT ZU ZEIT SAGEN LEUTE ZU MIR: „WACH AUF, ES IST NUR EIN PFERD!" ODER „DAS IST ABER VIEL GELD NUR FÜR EIN PFERD!".

Viele Menschen verstehen nicht, warum ich diese Wege zurücklege und so viel Zeit und Geld investiere, die „nur ein Pferd" mit sich bringen. Manche meiner stolzesten Momente verdanke ich „nur einem Pferd". Viele Stunden sind vergangen, in denen meine einzige Gesellschaft „nur ein Pferd" war, aber ich fühlte mich nicht ein einziges Mal missachtet.

SONNENAUFGANG
Einige meiner traurigsten Momente wurden durch „nur ein Pferd" hervorgerufen. An dunklen Tagen war es „nur ein Pferd", dessen freundliche Berührung mir Wohlbefinden

und die Stärke brachte, den Tag zu überstehen. Falls ihr auch Leute kennt, die sagen, es ist „nur ein Pferd", dann werdet ihr vermutlich auch Sätze hören wie „nur ein Freund", „nur ein Sonnenaufgang" oder „nur ein Versprechen".

SEHNSUCHT

„Nur ein Pferd" bringt mich dazu, früh aufzustehen, lange Spaziergänge zu machen und sehnsüchtig in die Zukunft zu blicken. Deswegen ist es für echte Pferdemenschen eben nicht „nur ein Pferd", sondern die Verkörperung aller Hoffnungen und Träume für die Zukunft, geliebte Erinnerungen und der pure Genuss der Gegenwart.

LÄCHELN

Ich hoffe, die anderen Menschen können eines Tages verstehen, dass es nicht „nur ein Pferd" ist, sondern etwas, das mir Menschlichkeit verleiht und mich zu mehr macht als zu „nur einer Frau". Wenn ihr das nächste Mal den Satz „nur ein Pferd" hört, dann lächelt, weil SIE es „nur" nicht verstehen.

ES IST „NUR EIN PFERD", DAS FREUNDSCHAFT, VERTRAUEN UND PURE, UNVERFÄLSCHTE FREUDE IN MEIN LEBEN BRINGT!

MEINE LIEBSTEN PFERDESPRÜCHE

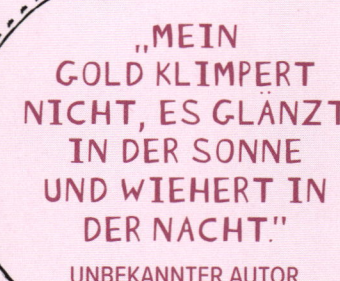

„MEIN GOLD KLIMPERT NICHT, ES GLÄNZT IN DER SONNE UND WIEHERT IN DER NACHT."

UNBEKANNTER AUTOR

"ALL I PAY TO MY PSYCHIATRIST IS THE COST OF FEED AND HAY, AND HE'LL LISTEN TO ME ANY DAY."

UNBEKANNTER AUTOR

"IF YOUR HORSE SAYS NO, YOU EITHER ASKED THE WRONG QUESTION, OR ASKED THE QUESTION WRONG." PAT PARELLI

"THERE IS NO SECRET SO CLOSE AS THAT BETWEEN A RIDER AND HIS HORSE."

ROBERT SMITH SURTEES

"YOU CAN NEVER RELY ON A HORSE THAT IS EDUCATED BY FEAR. THERE WILL ALWAYS BE SOMETHING THAT HE FEARS MORE THAN YOU. BUT, WHEN HE TRUSTS YOU, HE WILL ASK YOU WHAT TO DO WHEN HE IS AFRAID."

ANTOINE DE PLUVINEL

"AND ALLAH TOOK A HANDFUL OF SOUTHERLY WIND, BLEW HIS BREATH OVER IT AND CREATED THE HORSE ... THOU SHALL FLY WITHOUT WINGS, AND CONQUER WITHOUT ANY SWORD. OH, HORSE."

LEGENDE DER BEDUINEN

„Du bist ein großer Champion. Wenn du galoppierst, bebt die Erde, der Himmel öffnet sich und der Weg ist frei, der Weg zum Sieg! Nach dem Rennen treffen wir uns im Kreise der Gewinner und ich hülle dich in eine Decke aus Blumen."

AUS DEM SPIELFILM „DREAMER"

VORBILDER UND MENSCHEN, DIE MICH BEGLEITEN

SEITDEM MICH DER PFERDEVIRUS ERWISCHT HAT, GIBT ES MENSCHEN, DIE MICH BEEINFLUSST HABEN, ZU DENEN ICH AUFGESCHAUT UND DIE ICH MIR ZUM VORBILD GENOMMEN HABE.

Es gibt Menschen, die mein Reiterleben beeinflusst haben, weil sie mir die Chance gaben, von ihnen oder ihren Pferden lernen zu können. Manche haben mein Denken verändert, mich reiterlich verbessert oder mir in schwierigen Zeiten beigestanden. Auch wenn diese Liste niemals vollständig sein kann, es gibt einige Menschen, denen ich besonders danken möchte.

MEIN OPA

Opa, du hast meine Pferdeliebe immer verstanden und unterstützt und auch meine ersten Reitstunden bezahlt. Wenn ich bei dir war, hast du mir stundenlang von Pferden erzählt. Ich habe an deinen Lippen gehangen, wenn du vom Stall und deinem Lieblingspferd Fidelo erzählt hast, der dir morgens entgegengewiehert hat.

HERR FEDERSCHMIDT

Sie waren mein erster richtiger Reitlehrer. Am meisten ist mir die Tatsache in Erinnerung geblieben, dass ich keine Angst hatte. Sie haben uns langsam an Neues herangeführt und uns Schülern immer das Gefühl gegeben, etwas zu können. Es wurde nicht Herumgeschrien und man ist immer mit einem Lächeln abgestiegen. Es sollte mehr Reitlehrer wie Sie geben!

BELINDA W.

Du gabst mir mein allererstes Pflegepferd Tessi. In deinem Stall durfte ich mithelfen und als Gegenleistung reiten. Und ich bin das allererste Mal piaffiert: auf einem wunderschönen Friesenhengst!

FELICITAS S.

Deine beiden Ponys durfte ich reiten, von ihnen viel lernen und besser werden. Durch deine Ponys hatte ich die Chance, selbstständiger mit Pferden zu werden und mich auszuprobieren, ohne Sorge haben zu müssen, etwas falsch zu machen.

MICHAEL FISCHER

Du warst mein Trainer für über sechs Jahre. Bei dir habe ich vielleicht noch mehr über mich selbst als über die Pferde gelernt. Du hast mir beigebracht, dass Geduld der Schlüssel zum Erfolg ist und ich meinen Perfektionismus ein Stückweit

loslassen muss, um besser werden zu können. Du hast mir die Angst vor der Höhe genommen und mich unzählige Male wieder auf die Füße gestellt. Danke für alles, was ich von dir lernen durfte!

MANDY

Weil ich dich schon soooo lange kenne und weiß, dass die Ponys bei dir immer in den besten Händen sind!

GUIDO

Einen besseren Tierarzt könnte ich mir nicht wünschen. Vom Fesselträgerschaden über Kolik, von Lahmheiten bis zur Ankaufsuntersuchung: Du hast mich immer perfekt betreut und meine Sorgen immer ernst, aber nicht zu ernst genommen.

SABINE

Du hast mein Leben verändert und mir Wölbchen geschenkt. Danke ist dafür nicht genug!

Ich hoffe, ich habe keinen vergessen ;-)

HALTET JEDEN TAG DIE AUGEN OFFEN – MAN KANN VON JEDEM ETWAS LERNEN!

CANTOS
STALL-
KNIGGE

WENN ES UM DAS THEMA STALL-KNIGGE GEHT, NEHME ICH MAL DEN STIFT SELBST IN DIE HUFE. ÄHM, BEZIEHUNGSWEISE, DIKTIERE ICH ANNICA, WAS SIE IN DIE TASTEN HAUEN SOLL.

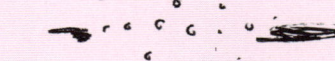

SPASS IM STALL

Die Zeit im Stall soll natürlich allen Spaß machen. Euch Zweibeinern, aber auch uns Vierbeinern. Damit das gut klappt, gebe ich euch jetzt einige Tipps, damit ihr in der Stallgemeinschaft immer gern gesehen seid.

SAGT MAL HALLO!

Diesen Satz kenne ich nur zu gut von meinem blonden Mädchen. Sie sagt ihn immer, wenn sie mir das Handydings vor die Nase hält, damit ich es antippe, um euch zu grüßen. Grüßt auch ihr eure Stall-Leute und sagt Hallo, auch wenn ihr mal nicht so gut drauf seid!

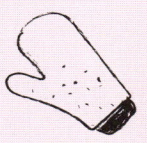

FEGT DOCH MAL!

Annica wuselt nach dem Putzen immer ganz fleißig mit dem Fegeding um mich rum – und das ist auch gut so. Kein Zweibeiner möchte im Dreck des Vorgängers sein Pferd zurechtmachen. Dreckige Putzplätze nerven und sorgen für Ärger im Stall. Fegen dauert nur eine Minute und der Nächste freut sich.

HELFT MAL!

Jeder Zweibeiner braucht Hilfe. Meine Kollegen von der Wiese holen, Fliegenspray ausleihen, beim Verladen helfen. Anlässe zum Helfen gibt es viele im Stall. Und wenn ihr nicht gerade in höchster Zeitnot seid, macht ihr euch definitiv beliebt, wenn ihr mitanpackt. So könnt ihr – wie oft auch mein Mädchen – bei der nächsten Gelegenheit ohne schlechtes Gewissen selbst um Hilfe bitten.

RÄUMT AUF!

Keiner mag Chaos im Stall. Trotzdem explodiert die Stallgasse regelmäßig. Wenn jeder seinen eigenen Kram wegräumt, ist es direkt wieder ordentlich und so sind Putz- und Waschplatz für alle nutzbar.

ÄPPELT AB!

In der Halle und auf dem Platz stehen in fast jedem Stall Schubkarren, Bottiche und Mistboys rum. Und die solltet ihr auch benutzen. Ansonsten wird der Boden nach und nach immer schlechter. Einfach liegen lassen (auch wenn man alleine reitet), ist ein No-Go, das habe ich von Annica gelernt. Die Minute zum Abäppeln hat jeder. Einfach Trockenführen statt Trockenreiten und nebenher sauber machen.

VIEL SPASS!
EUER CANTOLINO

LEBE DEINEN
TRAUM –
TEIL 1

HEUTE FRÜH HABE ICH EIN POSTING ÜBER TRÄUME GELESEN, DAS MICH UNHEIMLICH BERÜHRT HAT. WAS CARO GESCHRIEBEN HAT, TRIEB MIR TRÄNCHEN IN DIE AUGEN. DENN WIR ALLE HABEN TRÄUME, ODER?

ZEIT FÜR EHRLICHE WORTE!
Oftmals haben wir Angst, verletzt zu werden, und sind nicht nur zu schüchtern, unsere Träume zu offenbaren, sondern vor allem, an sie zu glauben und sie zu leben.
Unsere Gesellschaft schreibt uns vor, welche Träume erlaubt sind und welche nicht. Gerade im Reitsport ist cool, wer tough ist. Wer Schleifen sammelt oder die höchsten Sprünge nimmt. Dabei geht es beim Träumen doch um ganz andere Sachen. Um die Dinge, die uns wirklich berühren. Die unser Herz schneller klopfen lassen, wenn wir dran denken, dass sie wahr werden könnten. Echte Träume müssen nicht für andere groß sein, sondern nur für uns selbst. Echte Träume lassen uns zur besten Version unseres Selbst werden, um sie zu erreichen!

Ich würde mir im Reitsport viel mehr echte Geschichten statt

Fakes wünschen. Zusammenhalt statt Neid. Und deshalb möchte ich es Caro gleichtun und euch von meinem Traum und meiner Geschichte erzählen.

Meinen Traum lebe ich ... jeden Tag. Ich habe zwei wunderbare Pferde an meiner Seite und erlebe mit ihnen mein ganz persönliches Ponymärchen. Manche Leute schreiben mir hässliche Nachrichten, sie könnten mein Dankbarkeitsgelaber nicht mehr hören. Aber das bin ich. Diesen Traum leben zu dürfen, macht mich zutiefst dankbar und demütig.

Meine Kindheit war ... nennen wir es mal holprig.

Der Stall war meine Zuflucht und ich habe jede Sekunde bei den Pferden genossen. Ich habe damals einer Frau namens Anja geholfen, die mit ihrem Pferd regelmäßig zum Turnier gefahren ist. Ich habe bei ihr ein bisschen Geld verdient, um Reitstunden mit meinem Pflegepferd nehmen zu können, aber auch, weil ich sie zutiefst bewundert habe.

Sie hatte ein wunderschönes eigenes Pferd, konnte reiten, wann immer sie wollte, hatte eine tolle Ausrüstung, ein Auto, das eine Anhängerkupplung hatte und ziehen konnte, einen eigenen Hänger – und sie fuhr einfach so zum Turnier.

LEBE DEINEN
TRAUM –
TEIL 2

ANJA LEBTE EIN LEBEN, DAS MIR IN MEINER DAMALIGEN SITUATION LICHTJAHRE WEIT ENTFERNT ERSCHIEN. OB ICH NEIDISCH WAR?

NICHT EINE SEKUNDE!
Ich pflegte ihr Pferd mit Herzblut, stand mit großen Augen vor ihrer Welt und träumte davon, irgendwann mal nur einen Bruchteil dieses Lebens führen zu dürfen.
Ich habe viel aus dieser Zeit aus meinem Kopf verbannt, aber vor einigen Jahren, als ich morgens alleine mit Wölbchen mit meinem Hänger, mit meinem Auto im Sonnenaufgang (kitschig, aber wahr) zum Turnier fuhr, schossen mir plötzlich diese Erinnerungen aus der Vergangenheit durch den Kopf. Mir wurde bewusst, dass ich der kleinen Annica von damals ihren Traum erfüllt hatte. Diese Erkenntnis macht mich bis heute fast sprachlos und treibt mir auch jetzt gerade wieder Tränen in die Augen.

Vielleicht ist das der Grund, dass ich Erfolg anders definiere und dass es mir im Endeffekt

komplett egal ist, welche Schleife wir gewinnen oder ob wir
jemals über L-Springen hinaus-
kommen. Der größte Erfolg für
mich ist, dass ich das Leben
führe, von dem ich als kleines
Mädchen geträumt habe.

Und ich werde jedes Mädchen
anlächeln, das in Reithose
auf dem Turnier vor mir steht

oder mit strahlenden Augen
mein Pferd festhält, wenn ich
den Parcours abgehe. Denn
vielleicht kann ich ihr ein
bisschen Kraft und Mut geben,
an ihre Träume zu glauben
und sie irgendwann wahr werden zu lassen.

BOOKS
AND
MOVIES

ALS JUGENDLICHE WAR ICH EIN RICHTIGER BUCHJUNKIE. ICH HABE SACHBÜCHER VERSCHLUNGEN, WEIL ICH ALLES ÜBER PFERDE WISSEN WOLLTE. AUSSERDEM HABE ICH PFERDEROMANE GELIEBT UND MIR VORGESTELLT WIE ES WÄRE, EIN EIGENES PFERD ZU HABEN.

PFERDERATGEBER, DIE ICH IMMER WIEDER LESE

• REITE ZU DEINER FREUDE VON INGRID KLIMKE
• VON DER MARIONETTE ZUM REITER VON MICHAEL FISCHER
• PFERDE – WIE VON ZAUBERHAND BEWEGT VON WOLFGANG MARLIE
• IT'S SHOWTIME: ZIRKUSLEKTIONEN
VON SYLVIA CZARNECKI

MEIN ERSTES PFERDEBUCH

DAS KOSMOS-BUCH VOM REITEN VON CHRISTIANE GOHL

PFERDEROMANE, DIE ICH MAG

Blitz - Der schwarze Hengst von Walter Farley
Britta und ihr Pony von Lisbeth Pahnke
Frei wie der Wind von Gaby Hauptmann

PFERDEFILME, DIE ICH IMMER WIEDER ANSCHAUEN KANN

BLACK BEAUTY
SECRETARIAT
OSTWIND
SEABISCUIT

DAS WÜNSCHE ICH EUCH

WENN ICH EUCH BEGEGNE UND WIR MITEINANDER REDEN UND LACHEN, DANN SEHE ICH VOR ALLEM EINS IN EUREN GESICHTERN: LIEBE FÜR DIESE WUNDERBAREN VIERBEINER. GANZ EGAL, OB IHR AUF SCHULPFERDEN REITET ODER MIT DEM EIGENEN PONY AUFS TURNIER FAHRT.

Ich wünsche euch wunderschöne Augenblicke mit dem Vierbeiner, der sich in euer Herz geschlichen hat!
Pferde sind ein Geschenk in unserem Leben und ich hoffe, ihr denkt ganz oft daran, wenn ihr im Stall seid!
Lasst euch von eurem Herzenspferd erobern und genießt jede Sekunde mit ihm! Die Zeit mit unseren Ponys sollte kein endloser Wettkampf sein. In 10, 20 oder 30 Jahren wird es nicht wichtig sein, ob ihr die meisten Turniere gewonnen habt oder wer am schnellsten beim Ausritt galoppiert ist oder wer die schickste Reithose trug. Irgendwann werdet ihr zurückdenken und euch an ganz viele kleine Zaubermomente erinnern

LASST EUCH VON EUREM HERZENSPFERD EROBERN UND GENIESST JEDE SEKUNDE MIT IHM!

PFERDE SIND EIN
GESCHENK IN UNSEREM
LEBEN UND ICH HOFFE,
IHR DENKT GANZ
OFT DARAN,
WENN
IHR IM STALL
SEID!

können. Der Geruch des Stalls, wenn man den ersten Schritt auf die Stallgasse macht. Die Wärme des Fells unter euren Händen an einem eisigen Tag. Das weiche Gefühl, wenn die Pferdenase einem sanft durchs Gesicht schnobert. Ich wünsche euch, dass ihr euch auf die wirklich wertvollen Augenblicke konzentriert und sie euch glücklich machen! Die Ponys brauchen uns vielleicht für ihre

Versorgung, aber wir brauchen die Pferde für unsere Seele.

UND DESHALB WÜNSCHE ICH EUCH VOR ALLEM EINS ... UNENDLICH VIEL PONYLIEBE!

TSCHÜSS!

UND SCHON SEID IHR AUF DER LETZTEN SEITE ANGEKOMMEN UND ES HEISST, TSCHÜSS SAGEN!

Zum Glück gilt dieses Tschüss aber ja nur für dieses Buch, von dem ich so sehr hoffe, dass es euch Spaß gemacht hat.
Für mich heißt es nun, erst mal wieder Back-to-business. Zurück zu dem, was ich normalerweise mache. Fotos schießen, Videos drehen und schneiden und euch auf YouTube und Instagram mitnehmen in unsere bunte Ponywelt.

Und da ich so unendlich schlecht im Tschüss sagen bin, übergebe ich das Wort einfach mal an Wölbchen.

HEY LEUTE, ICH BIN'S NOCH MAL!
Annica meinte, sie sei nun fertig mit dem Tastengeklimper und wir könnten wieder viel mehr spielen. Deshalb bin ich ganz froh, dass dieses Buchding jetzt fertig ist. Natürlich hoffe ich, dass es euch Freude gemacht hat, über uns zu lesen.

Und eins möchte ich euch noch verraten. Ein echtes Wölbchen-Geheimnis. Annica hat das echt viel Spaß gebracht, das Buch zu schreiben. Ihr liegt es wirklich am Herzen,

euch in Sachen Pferd etwas mitzugeben. Sie ist unfassbar aufgeregt, wie ihr dieses Buch denn nun findet. Das würde sie natürlich nie zugeben, aber ich kenne sie schon ziemlich gut.

Unter den YouTube-Videos schreibt ihr immer so schöne Kommentare. Das geht hier ja nicht so gut. Aber glaubt mir, sie freut sich über jede Nachricht auf Instagram oder YouTube.

Nachdem sie euch Ponyliebe geschenkt hat, dürft ihr meinem blonden Mädchen nun etwas Menschenliebe schenken. Also haut in die Tasten und schickt ihr eine Nachricht, wie euch das Buch gefallen hat.

Cantolino und ich hoffen, ihr hattet Spaß und man sieht sich auf YouTube!

**MACHT'S GUT ...
EUER WÖLBCHEN**

UND NOCH MAL DANKESCHÖN!

UM EHRLICH ZU SEIN, HÄTTE ICH NIE GEGLAUBT,
DASS ICH MAL UNTER DIE AUTOREN GEHEN WÜRDE. UND GLAUBT MIR:
EIN BUCH ZU SCHREIBEN, IST GANZ ANDERS, ALS MAN DENKT.

werden würde. Ohne die Hilfe, die Geduld und die Erfahrung von vielen Menschen wäre es das definitiv nicht. Und deshalb möchte ich Danke sagen.

MEIN ERSTER DANK GEHT AN INA

Du hattest die Idee, meinen YouTube-Kanal in Buchform zu bringen, und hast deine Mum davon überzeugt, dem Verlag dieses Projekt vorzuschlagen. Ohne dich gäbe es #PONYLIEBE nicht!

GUDRUN

Ich weiß gar nicht, wie ich dir genug danken kann. Für deine Geduld und deine Ruhe und das immer gute Gefühl, das du mir gegeben hast. Ich hatte immer das Gefühl, meine Texte seien gut bei dir aufgehoben.

Es geht immer langsamer voran, als man erwartet. Man schlägt sich Nächte um die Ohren, um ungestört schreiben zu können, und die besten Ideen kommen meist nicht beim intensiven Nachdenken, sondern sind plötzlich einfach da. Zwischendurch war ich mir nicht sicher, ob #PONYLIEBE jemals fertig

TERESA BAETHMANN UND DAS GESAMTE TEAM VOM KOSMOS VERLAG

Es macht mich stolz, dass ihr an meine Ponygeschichten geglaubt habt und sie nun als Buch vor mir liegen. Ich könnte mir keinen besseren Verlag wünschen!

FRANZISKA MISSELWITZ

Danke, dass du meine Worte in wunderschöne Skribbels und Bilder gefasst hast!

DORTHE – „HEAD OF ANNICA"

Natürlich danke ich dir für die wunderschönen Bilder, die du für dieses Buch gemacht hast. Aber viel mehr für deine mentale Unterstützung. Du hast die Dinge im Griff, an die ich gerade nicht denken kann, und bist die Unterstützung, die ich mir immer gewünscht habe.

MEINE BESTE FREUNDIN USCHI

Du wusstest immer schon, dass ich ein Buch schreiben sollte, auch wenn wir beide dachten, es hätte einen anderen Inhalt. Danke, dass du immer an mich und meine Ideen und Träume glaubst. Du bist die beste Freundin der Welt!

MARIO

Du warst der beste Nachbar, den ich mir wünschen könnte, und hattest immer ein offenes Ohr und ein Glas Rotwein für mich, wenn ich mich wie ein richtiger Autor fühlen wollte.

TIM

Für so viele Telefonate und weil du mich so verdammt gut kennst.

PHILIPP

Danke für dich! Und dass du mich nie gefragt hast, wann ich mit dem Schreiben fertig bin.

SPORTPFERDEZENTRUM KÖLN

Durch euch hatte ich die Möglichkeit, wunderschöne Fotos zu schießen. Ihr habt euch immer gut um meine Ponys gekümmert, wenn ich keine Zeit hatte! Danke!

MEINE #ANNICREW

Danke, dass ihr dieses Buch gerade in den Händen haltet und es bis zum Schluss gelesen habt. Ohne euch würde es dieses Buch nicht geben!

CONTACTS

DEUTSCHE REITERLICHE VEREINIGUNG (FN)
Freiherr-von-Langen-Str. 13
D-48231 Warendorf
Tel. 00 49-(0) 25 81 63 620
www.fn-dokr.de

VEREINIGUNG DER FREIZEITREITER UND -FAHRER IN DEUTSCHLAND (VFD)
Christiane Ferderer
Zur Poggenmühle 22
27239 Twistringen
Tel. 00 49-(0) 42 43 94 24 04
bundesgeschaeftsstelle@vfdnet.de | www.vfdnet.de

ÖSTERREICHISCHER PFERDE-SPORTVERBAND (OEPS)
Geiselbergstr. 26 – 35/512
A-1110 Wien
Tel. 0043-(0) 17 49 92 61
office@oeps.at | www.oeps.at

SCHWEIZERISCHER VERBAND FÜR PFERDESPORT (SVPS)
Papiermühlestr. 40 H
CH-3000 Bern 22
Tel. 00 41-(0) 31 33 54 343
info@fnch.ch | www.fnch.ch

ERSTE WESTERNREITER UNION DEUTSCHLAND E.V. (EWU)
EWU-Bundesgeschäftsstelle
Freiherr-von-Langen Str. 8a
D-48231 Warendorf
Tel. 00 49-(0) 25 81 92 84 60
info@ewu-bund.de
www.westernreiter.com

AUSTRIAN WESTERN RIDING & BREEDING ASSOC. (AWA)
Sekretariat | Raitlstrasse 154
A-2392 Sulz im Wienerwald
Tel. 00 43-(0) 22 38 84 84
awa@awa.at www.awa.at

SWISS WESTERN RIDING ASSOCIATION (SWRA)
Geschäftsstelle | CH-3000 Bern
Tel. 00 41-(0) 90 08 05 030
info@swra.ch | www.swra.ch

REIT-ZENTRUM REKEN
Frankenstr. 37 | D-48734 Reken
fs.reitzentrum@t-online.de
www.fs-reitzentrum.de

XENOPHON GESELLSCHAFT FÜR ERHALT UND FÖRDERUNG DER KLASSISCHEN REITKULTUR
Geschäftsstelle | Julia Jäckel
Hakenesheide 34 | 48157 Münster
Tel. 00 49-(0) 251 32 69
info@xenophon-klassisch.org
www.xenophon-klassisch.org

DEUTSCHES PFERDEMUSEUM
Holzmarkt 9
D-27283 Verden (Aller)
Tel.: 0049-(0) 42 31 80 71 40
(Ausstellung)
verwaltung@dpm-verden.de
www.dpm-verden.de

EXZELLENTE VERANSTALTUNGEN RUND UMS PFERD
von Isabella Sonntag
www.wu-son.de

MORE BOOKS

BELITZ, BETTINA: SAPHIR, REBELLISCHE HERZEN, BAND 1; KOSMOS 2018

Roxy ist ein echter Wildfang. Auf dem noblen Gestüt, wo sie Sozialstunden ableisten muss, begegnet sie dem jungen Vollblutaraber Saphir. Doch das ehemalige Rennpferd lässt sich kaum berühren. Nur Roxy hat das richtige Gespür für den sensiblen Araber. Mit viel Einfühlungsvermögen gelingt es ihr, eine besondere Beziehung zu dem scheuen Pferd aufzubauen. Doch statt Bewunderung schlägt ihr nur Missgunst entgegen und bald ist sogar Saphirs Leben in Gefahr ...

BELITZ, BETTINA: SAPHIR, REBELLISCHE HERZEN, BAND 2; KOSMOS 2019

Mit Nolans Hilfe findet Roxy für Saphir eine Farm mit Offenstallhaltung – für den traumatisierten Araber die einzige Chance. Doch kaum im neuen Stall angekommen, muss sich Roxy erneut den Dämonen ihrer Vergangenheit stellen. Die Situation eskaliert nochmals, als man Saphir verdächtigt, die alte Leitstute durch einen Tritt gegen die Brust getötet zu haben. Müssen Roxy und Saphir nun endgültig den Hof verlassen? Oder geben die Menschen der Wahrheit endlich eine Chance?

CITRA, BECKY: NUR DIESER EINE SOMMER; KOSMOS 2015

Nach dem tragischen Reitunfall ihrer Mutter sind Thea und ihr Vater ständig auf Reisen, um dem gut verpackten Schmerz über den Tod der Mutter zu entgehen. Ein Schulwechsel folgt dem nächsten, keine Chance, Freunde zu finden – was Thea bleibt, ist bleierne Einsamkeit. Doch als sie auf die Lakeview-Ranch kommen, scheint endlich alles anders zu werden. Thea trifft dort auf den Jungen Van, ein jahrzehntealtes Geheimnis und auf das völlig verwilderte, unzähmbare Pferd Storm. Behutsam beginnt Thea, das Vertrauen des Pferdes zu erlangen. Dabei erkennt sie, dass sie wie Storm lernen muss, ihr Herz zu öffnen und dem Leben wieder zu vertrauen.

GOHL, CHRISTIANE: WAS DER STALLMEISTER NOCH WUSSTE; KOSMOS 2018
Die Hacks der alten Stallmeister sind auch heute noch aktuell. Hier findet ihr Tipps, Ideen und Lösungen für Stall, Weide und fürs Reiten. Unbedingt empfehlenswert! Auch als E-Book erhältlich.

HAFEN, HEIDRUN / KÜNZEL, NICOLE: ALLES ZIRKUS!?, MOTIVATION UND FREUDE FÜR PFERD & MENSCH DURCH ZIRKUSLEKTIONEN; EDITION WUWEI BEI KOSMOS 2017
Zirkuslektionen bringen spannende und anspruchsvolle Abwechslung in den Pferdealltag. Außerdem fördern die Übungen die Geschmeidigkeit und die Reaktionsschnelligkeit des Pferdes.

KLIMKE, INGRID / KLIMKE, REINER: CAVALETTI – DRESSUR UND SPRINGEN; KOSMOS 2014
Ein wichtiger Grundstein für den Erfolg von Ingrid Klimke ist die Cavaletti-Arbeit. Dieser Ratgeber zeigt die Cavaletti-Arbeit an der Longe, liefert wertvolle neue Anregungen für die Dressurarbeit sowie zahlreiche aktualisierte Aufbauskizzen für die Springgymnastik. Neben der Gymnastizierung des Pferdes und der damit verbundenen Verbesserung der Gangarten bringt Cavaletti-Arbeit Spaß und Abwechslung in den Trainingsalltag.

KLIMKE, INGRID: REITE ZU DEINER FREUDE, GRUNDSÄTZE MEINER PFERDEAUSBILDUNG; KOSMOS 2016
Ingrid Klimke stellt erstmals ihre Trainingsphilosophie vor. Die Basis bilden Vielseitigkeit und Abwechslung wie Cavaletti-Arbeit, Dressur, Springen und Reiten im Gelände. Am Beispiel ihrer eigenen Pferde gibt sie wertvolle Tipps zur Förderung des jeweiligen Pferdecharakters. Auch als E-Book erhältlich.

MARLIE, WOLFGANG: PFERDE – WIE VON ZAUBERHAND BEWEGT; EDITION WUWEI BEI KOSMOS 2016
Es muss kein Traum bleiben, Pferde wie von Zauberhand bewegen und reiten zu können. Wolfgang Marlie widmet sich seit Jahrzehnten der Frage, wie sich Mensch und Pferd näherkommen und eine gute Basis der Verständigung finden können, damit sich beide wohlfühlen. Denn wenn Pferd und Reiter Freude empfinden, dann sind sie wie von Zauberhand bewegt. Auch als E-Book erhältlich.

RASHID, MARK: PFERDE SANFT FÜHREN, SO WIRD DEINE IDEE ZUR IDEE DES PFERDES; KOSMOS 2016

Mark Rashid beschreibt seinen Weg zu einem neuen, sanften Umgang mit Pferden. Begegnungen mit zahlreichen beeindruckenden Pferdepersönlichkeiten haben ihn als Trainer zum Umdenken angeregt. Er zeigt wie es gelingt , eine von Einfühlung, Gelassenheit und Sanftheit getragene Beziehung zum Tier aufzubauen. Auch als E-Book erhältlich.

SCHÖPE, SIGRID: BODENARBEIT MIT PFERDEN, ABWECHSLUNGSREICHE ÜBUNGEN, DIE SPASS MACHEN; KOSMOS 2017

Egal ob Warmblut, Araber oder Shetland-Pony – Bodenarbeit gymnastiziert jedes Pferd, schafft Vertrauen und bringt Abwechslung in den Alltag von Pferd und Reiter. Sigrid Schöpe erklärt Bodenarbeit Schritt für Schritt – von einfachen Lektionen, die das Pferd bereits effektiv trainieren, bis zu Zirkustricks, damit auch bei Fortgeschrittenen keine Langeweile aufkommt. Auch als E-Book erhältlich.

SCHÖPE, SIGRID: ZIRKUSTRICKS MIT PFERDEN, GYMNASTIZIEREN, MOTIVIEREN, PARTNERSCHAFT STÄRKEN; KOSMOS 2018

Zirkusarbeit begeistert! Ob Spanischer Schritt, knien, verbeugen oder Decke ausziehen – das Einüben bringt Abwechslung in den Trainingsalltag und sorgt für eine gehörige Portion Spaß und Motivation bei Pferd und Reiter.

WILSIE, SHARON / VOGEL, GRETCHEN: SPRACHKURS PFERD, PFERDESPRACHE LERNEN IN 12 SCHRITTEN; KOSMOS 2018

Jedes Zucken von Ohr oder Nüster, jede Bewegung des Pferdes hat eine Bedeutung. Pferde reden mit uns, doch die meiste Zeit übersehen wir diese Signale. Mit diesem Übersetzungshelfer lernen wir, die Sprache unserer Pferde zu verstehen und uns mit ihnen so zu unterhalten, dass sie unsere Wünsche verstehen und sich verstanden fühlen.

SUCHEN UND FINDEN

PONYLIEBE SHOP

MEINE STALLFREUNDIN MANDY AUF CENDRA UND CANTO UND ICH IM PONYLIEBE-OUTFIT.

Neben meinen YouTube-Projekten habe ich Mitte 2018 den Ponyliebe-Shop eröffnet. Ein Online-Shop in dem es ausschließlich Lieblingsteile für Ponymädchen und Reiterinnen gibt. Neben hübschem Schmuck, praktischem Putzzeug und einer schicken Equestrian Collection gibt es natürlich auch Lieblingsteile für die #annicrew.

PONYLIEBE SHOP

Weil es nur eine wahre Liebe gibt

#PONYLIEBE

Kommt und stöbert in meinem Shop! Ich bin richtig stolz, dass ich euch T-Shirts und Hoodies in vielen Farben und mit Prints, dazu Socken und Gürtel anbieten kann. Wenn ihr Accessoires sucht, findet ihr Caps, Taschen, Schlüsselanhänger und coole Perlenarmbänder. Auch für die Pferde gibt es Equipment wie Halfter, Führstricke, Schabracken, Bandagen, Fliegenohren und Decken. Mir ist es wichtig, dass meine Sachen von namhaften Herstellern und von guter Qualität sind. Schaut gern vorbei!

WWW.PONYLIEBE.DE

DAS BASIS SET PUTZZEUG MIT KARDÄTSCHE, STRIEGEL, WURZELBÜRSTE UND HUFKRATZER.

MEINE ABSCHWITZDECKEN GIBT ES FÜR KLEINE UND GROSSE PFERDE.

IMPRESSUM

BILDNACHWEIS

Mit 113 Fotos von Carlotta Blankenmeier (3 Fotos auf Seite 90), Gudrun Braun (8 Fotos auf Seite 71 u., 102, 103 o. li., 117 u., 122), Else Brittinger (1 Foto auf Seite 136), Cavallo, www.cavallo.info (3 Fotos auf Seite 120), Lea Fliegner (6 Fotos auf Seite 4 o. re., 16 re., 18, 29, 100, 132 li.), Annica Hansen privat (61 Fotos auf Seite 6, 8, 9, 10, 12, 14 u., 15, 16, 17 li., 22 o., 24, 25, 26 li., 34, 46, 48, 52, 60, 84, 88, 89, 92, 93, 94 re., 95, 96, 97, 102 Mitte, 108, 109, 113, 114, 115, 116, 117 o., 130, 131, 142, 143, 147, 150, 158, 159), Frank Heinen (3 Fotos auf Seite 74 o., 110), Laura Kakuschke (3 Fotos auf Seite 26, 86 Mitte, 141 u.), Marx Fotografie (4 Fotos auf Seite 23 u., 31 re., 86 u., 87), Anja Mertens (1 Foto auf Seite 89), Yadel Möhler (2 Fotos auf Seite 21, 132 re.), Theresa Plankl (2 Fotos auf Seite 12, 133 re.), Melanie Schmidt (1 Foto auf Seite 140), Holger Schupp (8 Fotos auf Seite 19 re., 74 u., 78, 79 re., 80, 81, 112), Philipp Waschulewski (6 Fotos auf Seite 22, 27 re., 35, 76, 77).

Alle anderen 101 Fotos wurden von Dorthe Moog für dieses Buch angefertigt.

Mit Layout-Elementen von 32 pixels / stock.adobe.com (Fotorahmen), abreimova / stock.adobe.com (Pferde-Icons), anatartan / stock.adobe.com (Blumenranken), Anatoliy / stock.adobe.com (Aquarell-Kleckse), Bokica / stock.adobe.com (Pferde-Icons), Dinara May / Adobe Creative Cluod (Aquarell-Blumen, -Herzen), egorvector / stock.adobe.com (Kosmetik-Icons), Eyematrix / stock.adobe.com (Pferdehufe), gjan62 / stock.adobe.com (Pferde-Icons), Franz Jeitz / Adobe Cloud Market (Aquarell-Kreise, -Linien), HelgaMariah / shutterstock.com (Pferde-Icons), Hennadii H / shutterstock.com (Pferde-Icons), HN works / stock.adobe.com (Filmzubehör), honoka / stock.adobe.com (Klebestreifen), LinaTruman / stock.adobe.com (Fotorahmen, Notizzettel), macrovector / stock.adobe.com (Notizzettel), My life Graphic / shutterstock.com (Notizzettel), tirachard / stock.adobe.com (graue Pappe), stillfx / stock.adobe.com (Kreidetafel), ulzanna / stock.adobe.com (Polaroid-Rahmen), wawritto / stock.adobe.com (Filmstreifen).

Alle anderen s/w-Zeichnungen und Layout-Elemente wurden von Franziska Misselwitz für dieses Buch angefertigt.

IMPRESSUM

Umschlaggestaltung von Franziska Misselwitz unter Verwendung von zwei Fotos von Dorthe Moog (Vorderseite) und Melanie Schmidt (Rückseite).

Alle Angaben und Methoden in diesem Buch sind sorgfältig erwogen und geprüft. Sorgfalt bei der Umsetzung ist jedoch geboten. Verlag und Autorin übernehmen keinerlei Haftung für Personen-, Sach- oder Vermögensschäden, die im Zusammenhang mit der Anwendung und Umsetzung entstehen könnten.

Unser gesamtes lieferbares Programm und viele weitere Informationen zu unseren Büchern, Spielen, Experimentierkästen, DVDs, Autoren und Aktivitäten finden Sie unter kosmos.de

Gedruckt auf chlorfrei gebleichtem Papier.

MIX
Papier aus verantwortungsvollen Quellen
FSC® C014138

© 2019, Franckh-Kosmos Verlags GmbH & Co. KG; Stuttgart.
Alle Rechte vorbehalten
ISBN 978-3-440-16095-4
Redaktion: Gudrun Braun
Gestaltungskonzept, Gestaltung und Satz: Franziska Misselwitz
Produktion: Verena Schmynec
Druck und Bindung: Finidr, s.r.o., Český Těšin
Printed in Czech Republic / Imprimé en République tchèque